Г.Г. Малышев, Н.Г. Малыш[ева]
Н.Т. Свидинская

САНКТ-ПЕТЕРБУРГ — КУЛЬТУРНАЯ СТОЛИЦА РОССИИ

ТЕКСТЫ ДЛЯ ЧТЕНИЯ И РАЗВИТИЯ РЕЧИ

«Златоуст» — СПбГУТД

Санкт-Петербург
2011

УДК 811.161.1

Малышев, Г.Г., Малышева, Н.Г., Свидинская, Н.Т.
Санкт-Петербург — культурная столица России : тексты для чтения и развития речи. — СПб. : Златоуст ; СПбГУТД, 2011. — 80 с.

Malyshev, G.G., Malysheva, N.G., Swidinskaya, N.T.
Saint Petersburg is European Capital of Culture : texts for reading. — St. Petersburg : Zlatoust ; St. Petersburg State University of Technology and Design, 2011. — 80 p.

ISBN 978-5-7937-0629-2
ISBN 978-5-86547-648-1

Р е ц е н з е н т ы :
д-р пед. наук, профессор *Л.В. Московкин* (СПбГУ);
канд. филол. наук, доцент *А.В. Бескадаров*
(СПбГК им. Н.А. Римского-Корсакова)

Редактор: *Ю.А. Карчина*
Корректор: *О.С. Капполь*
Оригинал-макет: *СПбГУТД*
Обложка: *Л.О. Пащук*
Коллаж на обложке: *М. Антонова*

Предлагаемое пособие предназначено для знакомства иностранных учащихся с одним из самых красивых городов Европы и мира — Санкт-Петербургом, который по праву называют культурной столицей России. Оно содержит тексты, посвящённые наиболее важным культурным и историческим событиям в жизни города.

Стройная и чёткая система предтекстовых, притекстовых и послетекстовых упражнений уже на ранней стадии обучения русскому языку как иностранному позволяет обеспечивать выход учащихся в учебную и естественную коммуникацию.

Для аудиторной и самостоятельной работы иностранных учащихся, владеющих русским языком в объёме базового уровня общего владения (А2).

Подготовка оригинал-макета: издательство «Златоуст».
Подписано в печать 08.09.11. Формат 60x90/8. Печ.л. 10. Печать офсетная. Тираж 3000 экз.
Код продукции: ОК 005-93-953005.
Санитарно-эпидемиологическое заключение на продукцию издательства Государственной СЭС РФ
№ 78.01.07.953.П.011312.06.10 от 30.06.2010 г.
Издательство «Златоуст»: 197101, Санкт-Петербург, Каменноостровский пр., д. 24, оф. 24.
Тел.: (+7-812) 346-06-68, факс: (+7-812) 703-11-79, e-mail: sales@zlat.spb.ru, http://www.zlat.spb.ru
Отпечатано в Китае.
C&C Joint Printing Co. (Beijing), Ltd.

СОДЕРЖАНИЕ

Предисловие

Предлагаемое пособие предназначено для знакомства иностранных учащихся с одним из самых красивых городов Европы и мира – Санкт-Петербургом, который по праву называют культурной столицей России, при этом знакомства уже на ранних стадиях овладения иностранцами русским языком, а точнее на базовом уровне (уровне А2). Вниманию преподавателей и учащихся предлагаются 16 текстов, посвящённых наиболее важным культурным и историческим событиям в жизни прекрасного города. Предлагаемые тексты предназначены не только для знакомства с культурной историей города, но предполагают на их основе активную работу по развитию речевых возможностей учащихся.

В структурном отношении каждый текст включает в себя следующие виды обучающей деятельности:

1. Введение наиболее актуальной для каждого текста лексики. В первую очередь, речь здесь идёт о системе используемых в тексте русских глаголов как организационном центре предложений, а также производных от этих глаголов лексико-грамматических конструкций, выступающих в качестве основы речевого высказывания.

2. При непосредственном обращении к тексту даётся соответствующая коммуникативно-целевая установка на извлечение из текста наиболее важной информации. Это, по мнению психологов, является принципиальным условием, необходимым для обеспечения максимального внимания учащегося, особенно при первом знакомстве с текстом.

3. Послетекстовые задания имеют ярко выраженную творческую речевую направленность и предназначены для закрепления фактического материала и использования его в процессе продуцирования речевых высказываний. Творческие задания могут выполняться как в устной, так и в письменной форме.

В заключение мы хотим выразить надежду на то, что предлагаемое пособие поможет в благородном деле обучения иностранных учащихся русскому языку и в сообщении им важных для них культурологических фоновых знаний о нашем любимом городе.

Обращение к учащимся

Дорогие друзья!

Вам посчастливилось учиться и жить в таком прекрасном городе, как Санкт-Петербург. Основанный в 1703-ем году русским царём Петром Первым, Петербург считается одним из самых красивых городов Европы и мира. Двести лет Петербург являлся столицей Российской империи. Здесь жили и создавали свои бессмертные произведения такие деятели русской культуры, как великий русский поэт, создатель русского литературного языка Александр Сергеевич Пушкин, всемирно известный писатель Фёдор Михайлович Достоевский, основоположник русской классической музыки Михаил Иванович Глинка, гениальный русский композитор Пётр Ильич Чайковский и многие-многие другие писатели, композиторы, художники и архитекторы.

Вам выпала возможность учиться и жить в этом городе, и было бы неправильно не воспользоваться этим счастливым случаем и не познакомиться с его историей и его достопримечательностями. Пособие, которое вы держите в руках, поможет вам сделать первые важные шаги в этом направлении. Читая его, вы узнаете, во-первых, о том, как и когда был основан город на Неве, кто были те архитекторы, которые создали главные ансамбли нашего города, какие исторические события произошли в Петербурге и какое влияние они оказали на ход российской истории, какие выдающиеся деятели русской культуры жили и творили в нашем городе, какие университеты и другие высшие учебные заведения существуют в Петербурге и почему его называют «городом студентов», наконец, какие музеи, какие театры и концертные залы можно и стоит посетить здесь за время учёбы.

Пособие написано достаточно простым языком и предназначено для иностранных учащихся, только недавно начавших изучать русский язык. Нам очень хочется, чтобы вы как можно больше узнали о Санкт-Петербурге и полюбили его так, как любим его мы, его жители!

В добрый путь, друзья!

ПЁТР ПЕРВЫЙ –
ОСНОВАТЕЛЬ САНКТ-ПЕТЕРБУРГА

Царь Пётр I

Задание 1. *Определите значение следующих слов и словосочетаний:*

основать + что? (основать город)
основанный (-ая, -ое, -ые) (страд. прич.) **= который основали**
основан (краткое страд. прич.) **(= был основан) + кем?** (основан Петром Первым)
основатель + чего? (основатель Санкт-Петербурга)
кто основал + что? (Пётр Первый основал город Санкт-Петербург.)
что (было) основано + кем? (Петербург был основан Петром Первым.)
кто – основатель + чего? (Пётр Первый – основатель Петербурга.)

получать – получить + что? (получить письмо, получить хорошее образование)
кто/что получил + что? (Пётр первый получил хорошее домашнее образование. Россия получила выход в Балтийское море.)

любить + что? (любить европейскую культуру)
нравиться + кому? (нравиться Петру Первому)
кто любил + что?(Пётр Первый любил европейскую культуру.)
кому нравилось + что? (Петру Первому нравилась европейская культура.)

проводить – провести + что? (проводить время, вечер, каникулы)
провести (прош. вр.: **провёл, провела…**) **+ сколько времени? + где?**
кто провёл + сколько времени? + где? (Пётр Первый провёл 15 месяцев за границей.)

изучать + что? (изучать русский язык, русскую литературу, кораблестроение)
учиться + что делать? (учиться читать и писать по-русски, строить корабли)
учиться + где? (учиться в школе, в университете, в консерватории, в России)
кто учился + что делать? (Пётр первый учился строить корабли.)
кто изучал + что? (Пётр первый изучал кораблестроение.)

вернуть + что? (вернуть книгу в библиотеку, вернуть русские земли)
вернуться (+ откуда?) + куда? (вернуться из Голландии в Россию)
кто вернулся (+ откуда?) + куда? (Пётр вернулся из Голландии в Россию.)
кто вернул + что? (Пётр Первый вернул русские земли, которые захватила Швеция.)

начаться + когда? (начаться в 1700-ом году)
продолжаться + сколько времени (продолжаться 21 год)
закончиться + когда? (закончиться в 1721-ом году)
что началось + когда? (Война началась в 1700-ом году.)
что продолжалось + сколько времени? (Война продолжалась 21 год.)
что закончилось + когда? (Война закончилась в 1721-ом году.)

стать + чем? (кем?) (стать столицей государства, стать музыкантом)
что стало + чем? (Петербург стал столицей Российского государства.)

создавать – создать + что? (создать библиотеку)
созданная (-ый, -ое, -ые) (страд. прич.) **= который (-ое, -ую, -ые) создали**
созданная – создана (краткое страд. прич.) **(= была создана) + кем?** (Петром)
кто создал + что? (Пётр первый создал первую русскую библиотеку.)
что (было) создано + кем? (Первая русская библиотека (была) создана Петром.)

открывать – открыть + что? (библиотеку, музей)
открытый (-ая, -ое, -ые) (страд. прич.) **= который (-ую, -ое, -ые) открыли**
открыта (краткое страд. прич.) **(= была открыта) + кем?** (Петром Первым)
кто открыл + что? (Пётр Первый открыл первый русский музей.)
что (было) открыто + кем? (Первый русский музей был открыт Петром Первым.)

Задание 2. *Прочитайте текст. Объясните, почему русского царя Петра Первого называют Петром Великим.*

Город Санкт-Петербург был основан русским **царём Петром Первым**. Это был выдающийся государственный деятель, человек большого ума, большой физической силы и высокого роста.

Пётр получил хорошее домашнее образование, знал несколько иностранных языков: немецкий, английский, французский и голландский. Петру нравилась европейская культура. Когда ему было 25 лет, он поехал в Европу, чтобы продолжить там своё образование. Пётр провёл за границей 15 месяцев. В Германии, Голландии и Англии он изучал кораблестроение, осматривал фабрики, больницы и музеи. В Голландии царь Пётр под чужим именем четыре месяца работал как простой рабочий. Там он учился строить корабли.

Когда Пётр вернулся в Россию, он решил сделать Россию сильным европейским государством. Для этого России были нужны экономические отношения со странами Европы, был нужен выход в **Балтийское море**. Пётр решил вернуть русские **земли на берегах реки Невы и Финского залива**, которые захватила Швеция.

Война со Швецией началась в 1700-ом году и продолжалась 21 год. В результате этой войны Россия получила выход в Балтийское море. **В 1703-ем году на реке Неве**, недалеко от Финского залива, началось строительство нового города, который Пётр назвал Санкт-Петербургом. А уже **в 1712-ом году** Санкт-Петербург стал новой столицей Российского государства.

Пётр Первый много сделал для развития экономики, науки и культуры. При Петре Первом в Москве начала выходить первая российская газета, а в Петербурге была создана первая библиотека, открыт первый музей и основана Российская академия наук.

Значение деятельности царя Петра Первого очень велико. Вот почему в историю России он вошёл под именем **Пётр Великий.**

Задание 3. *Прочитайте текст ещё раз. Задайте вопросы по тексту. Сравните ваши вопросы с нашими.*

1. Каким человеком был русский царь Пётр Первый?
2. Какие языки знал Пётр Первый?
3. Почему Пётр Первый решил поехать в Европу?
4. Сколько времени Пётр Первый провёл за границей?
5. В каких странах побывал Петр Первый?
6. Чем Пётр Первый занимался за границей (= Что Пётр Первый делал за границей?)
7. О чём мечтал Петр Первый, когда вернулся в Россию?
8. Почему началась война против Швеции (= ... война со Швецией)?
9. Как долго продолжалась война со Швецией?

10. Где Пётр Первый решил строить новый город?
11. Когда началось строительство нового города?
12. Как Пётр Первый назвал новый город?
13. Когда (= в каком году) Санкт-Петербург стал столицей России?
14. Почему царя Петра Первого называют Пётр Великий?

Задание 4. *Расскажите о Петре Первом. Вопросы из задания 3 используйте в качестве плана.*

Задание 5. *Скажите, что вы думаете о Петре Первом. Подтвердите ваше мнение фактами, о которых вы узнали из текста. Используйте одно из следующих выражений:*

по-моему, по моему мнению, с моей точки зрения,
я думаю, что…, я считаю, что…, мне кажется, что…,
как я думаю, как я считаю, как мне кажется.

Домик Петра I
(первое здание Санкт-Петербурга)

ПЕТРОПАВЛОВСКАЯ КРЕПОСТЬ

Петропавловская крепость

Задание 1. *Определите значение следующих слов и словосочетаний:*

строить – построить + что? (построить дом, здание, крепость)
построенный (-ая, -ое, -ые) (страд. прич.) = **который (-ое, -ую, -ые) построили**
построен (краткое страд. прич.) = **был построен + кем?** (был построен Петром)
кто построил + что? (Строители построили крепость.)
что было построено + кем? (Крепость была построена строителями.)
что построили (+ где? когда?) (Крепость построили на острове.)

являться + чем? = **быть + чем?** (являться самым высоким зданием города)
что является + чем? (Собор является самым высоким зданием города.
= Собор – самое высокое здание города.)

называть – назвать + что? (+ как?) (назвать собор – Петропавловский собор)
называться (+ как?) *(Как называется эта улица?)*
кто назвал + что? (+ как?) (Пётр назвал новый город Санкт-Петербург.)
что называется (+ как?) (Город называется Санкт-Петербург.)
что назвали (+ как?) (Город назвали Санкт-Петербург.)

составлять + сколько? (+ чего?) (составлять 122 метра)
что составляет + сколько? (+ чего?) (Высота собора составляет 122 метра.)

устанавливать – установить + что? (+ где?) (установить памятник на площади)
установленный (-ая, -ое, -ые) (страд. прич.) = который установили
установлен (краткое страд. прич.) = был установлен (+ где?)
кто установил + что? (+ где?) (Строители установили памятник на площади.)
что было установлено (+ где?) (Памятник был установлен на площади.)
что установили (+ где?) (Памятник установили на площади.)

скончаться = умереть (+ когда?) (скончаться в 1725 году)
кто скончался (+ когда?) (Царь Пётр Первый скончался в 1725-м году.)
хоронить – похоронить + кого? (+ где?) (похоронить … на кладбище)
похороненный (-ая, -ое, -ые) (страдательное причастие) = которого (-ое, -ую, -ых) похоронили
похоронен (краткое страд. прич.) = был похоронен (+ где?)
кого похоронили (+ где?) (Царя Петра похоронили в Петропавловском соборе.)
кто был похоронен (+ где?) (Царь Пётр был похоронен в Петропавловском соборе.)

использовать + что (+ как? = в качестве чего?) (использовать крепость как тюрьму)
использоваться (+ как что? = в качестве чего?) (использоваться как тюрьма)
что использовали (+ как что?) (Крепость использовали как тюрьму.)
что использовалась (+ как что?) (Крепость использовалась как тюрьма.)

стрелять – выстрелить – выстрел + из чего? (стрелять из пушки)
проверять – проверить + что? (проверять часы)

находиться + где? (находиться в центре Санкт-Петербурга)
что находится + где? (Петропавловская крепость находится в центре Петербурга.).

Задание 2. *Прочитайте текст. Найдите в тексте ответ на вопрос: сколько лет городу Санкт-Петербургу в настоящее время?*

27-го мая 1703-го года на небольшом острове **на реке Неве** по приказу Петра Первого начали строить крепость. Этот день является днём рождения города Санкт-Петербурга.

В центре крепости сначала была построена деревянная церковь. А **в 1712-ом году** на этом месте начали строить каменный собор по проекту итальянского архитектора Трезини. Его назвали **Петропавловский собор**.

А крепость, которую построили вокруг собора, стала называться **Петропавловская крепость.**

Петропавловский собор вместе со шпилем и сейчас является самым высоким архитектурным сооружением города. Его **высота составляет 122,5 (0,5 = с половиной) метра**. На вершине шпиля установлена фигура ангела с крестом, которая свободно поворачивается и указывает (= показывает) направление ветра.

Когда **в 1725-ом году** царь Пётр Первый скончался, его похоронили в Петропавловском соборе. Все русские цари после Петра Первого были похоронены в этом соборе.

Петропавловская крепость строилась как военное сооружение. Но затем **в течение 200 (двухсот) лет** она использовалась как политическая тюрьма. В разное время здесь были заключены многие **известные революционеры**, в том числе **декабристы**, а также такие **революционные писатели**, как **Радищев, Чернышевский, Достоевский и Горький. В 1924-ом году** Петропавловская крепость стала музеем. В Петропавловской крепости существует (= есть) музей «Политическая тюрьма».

В летнее время пляж у стен Петропавловской крепости становится любимым местом отдыха горожан. **Каждый день в 12 часов дня** – в любое время года и в любую погоду – со стены Петропавловской крепости стреляет пушка. Это старая городская традиция. По выстрелу пушки можно проверять свои часы. Петропавловская крепость находится в самом центре Санкт-Петербурга. Можно сказать, что Петропавловская крепость – это сердце Санкт-Петербурга.

Задание 3. *Прочитайте текст ещё раз.*

а) Выпишите из текста словосочетания, в которых встречаются числительные (= цифры). Сравните ваш вариант с нашим.

27-го мая 1703-го года; в 1712-ом году; 122,5 метра; в 1725-ом году; в течение 200 лет; в 1924-ом году; в 12 часов дня

б) Вспомните, с какими событиями связаны эти словосочетания. Составьте предложения с этими словосочетаниями. (В случае затруднений найдите соответствующие предложения в тексте.) Сравните ваш вариант с нашим.

27-го мая 1703-го года на реке Неве началось строительство крепости.

В 1712-ом году в центре крепости начали строить каменный собор.

Высота Петропавловского собора (вместе со шпилем) составляет 122,5 метра.

Пётр Первый умер в 1725-ом году.

В течение 200 (двухсот) лет Петропавловская крепость использовалась как политическая тюрьма.

В 1924-ом году Петропавловская крепость стала музеем.

Каждый день в 12 часов дня со стены Петропавловской крепости стреляет пушка.

Задание 4. *Используйте предложения из задания 3 в качестве тезисов и расскажите об истории создания и о значении Петропавловской крепости для Санкт-Петербурга.*

Задание 5. *Расскажите о ваших впечатлениях после экскурсии в Петропавловскую крепость. Напишите сочинение на тему «Петропавловская крепость в истории Санкт-Петербурга».*

Надгробие Петра I в Петропавловском соборе

НЕВСКИЙ ПРОСПЕКТ

Невский проспект

Задание 1. *Определите значения следующих слов и словосочетаний:*

являться (= быть) + чем? (являться главной улицей города)
что является + чем? (*Невский проспект является главной улицей города.*)
соединять + что? (соединять два архитектурных памятника)
что соединяет + что и что? (*Невский проспект соединяет Александро-Невскую лавру и Адмиралтейство.*)

побеждать – победить + кого? (победить шведов)
кто победил + кого? (*Русские победили шведов на реке Неве.*)

произойти (= случилось) + когда? + где? (произойти в 1240-ом году на берегу Невы)
что произошло + когда? + где? (*Битва между русскими и шведами произошла в 1240-ом году на берегу реки Невы.*)

расположен (-а, -о, -ы) **(= находится, находятся) + где?** (расположен на берегу реки Невы)

что расположено + где? (Санкт-Петербург расположен на берегах реки Невы.)

включать в себя + что и что? (включать в себя собор и монастырь)
что включает в себя + что и что? (Лавра включает в себя собор, монастырь и кладбище.)

хоронить – похоронить + кого? (похоронить человека)
похороненный (-ая, -ое, -ые) (страд. прич.) **+ которого (-ую, -ое, -ых) похоронили**
похоронен (-а, -о, -ы) (краткое страд. прич.) **= был(-а) похоронен(-а)**
кто (был) похоронен + где? (Знаменитые композиторы и писатели (были) похоронены на кладбище Александро-Невской лавры.)

начинаться + где? (начинаться на площади Восстания)
что начинается + где? (Железная дорога в Москву начинается на Московском вокзале.)

пересекать – пересечь + что? (пересекать улицу, проспект, реку)
что пересекает + что? (Невский проспект пересекает канал Грибоедова.)

строить – построить + что? (построить собор)
построенный (-ая, -ое, -ые) (страд. прич.) **= который построили**
построен (-а, -о, -ы) (краткое страд. прич.) **= был построен**
кто построил + что? (Архитектор Воронихин построил Казанский собор.)
что (было) построено + кем? (= по проекту кого?) (Казанский собор (был) построен архитектором Воронихиным (= по проекту архитектора Воронихина).)

называться + как?
что называется + как? (Магазин называется «Дом книги».)

идти + куда? (идти в магазин)
идти + где? (идти по Невскому проспекту)
(я иду, ты идёшь, он(а) идёт, мы идём, вы идёте, они идут)

Задание 2. *Прочитайте текст.*

а) Выпишите из текста названия зданий, которые находятся на Невском проспекте. Сравните ваш вариант с нашим:

Александро-Невская лавра, Московский вокзал, Публичная библиотека, Александринский театр, Гостиный двор, гостиница «Европейская», Казанский собор, Дом книги, Адмиралтейство.

б) Расскажите, что вы знаете о каждом из этих зданий.

Главной улицей Санкт-Петербурга является **Невский проспект**. Он соединяет два архитектурных и исторических памятника: Александро-Невскую лавру и Адмиралтейство.

Александро-Невская лавра была основана по указу (= по приказу) Петра Первого. **Александр Невский** – это герой русской истории, под руководством которого в XIII веке русские победили шведов. Битва между русскими и шведами произошла в 1240-ом году на берегу реки Невы, недалеко от того места, где теперь расположен Санкт-Петербург. В честь этой победы князь Александр и получил имя Александр Невский. Лавра – это важный религиозный центр Русской православной церкви. Она включает в себя собор, монастырь, духовную академию и кладбище. На кладбище Александро-Невской лавры похоронены такие известные деятели русского искусства, как **композиторы Глинка, Римский-Корсаков и Чайковский, художники Шишкин и Куинджи, писатели Карамзин и Достоевский.**

Невский проспект является одной из самых красивых улиц Санкт-Петербурга. Здесь расположены жилые дома, дворцы, гостиницы, соборы, музеи, памятники, библиотеки, театры, магазины и рестораны. Самая красивая часть Невского проспекта начинается от **площади Восстания**. Здесь находится **Московский вокзал** – главный вокзал Санкт-Петербурга. Отсюда начинается железная дорога в современную столицу Российского государства – Москву.

На Невском проспекте расположены три моста: через **реку Фонтанку**, через **канал Грибоедова** и через **реку Мойку**. На мосту через Фонтанку находятся четыре конные скульптуры – работы известного русского скульптора Клодта. На углу Невского проспекта и **Садовой улицы** расположено центральное здание **Публичной библиотеки**. Перед зданием библиотеки находится небольшой красивый сквер. За сквером – здание **Александринского театра**, похожее на здание московского Большого театра. В центре сквера – памятник российской **императрице Екатерине Второй**.

Недалеко от Публичной библиотеки расположен известный **универмаг «Гостиный двор»**. От Гостиного двора по короткой **Михайловской улице** можно пройти на **площадь Искусств**. Здесь расположены **Михайловский театр оперы и балета, Русский музей** и **Филармония**. В центре площади Искусств стоит памятник великому русскому **поэту Александру Сергеевичу Пушкину**. На углу Михайловской улицы и Невского проспекта расположена **гостиница «Европейская»**.

В том месте, где Невский проспект пересекает канал Грибоедова, расположен **Казанский собор**, построенный (= который был построен = который построили) по проекту русского архитектора Воронихина. Напротив Казанского собора находится известный книжный магазин, который называется **«Дом книги»**. В Доме книги можно купить книги, словари, учебники и другую литературу. Когда стоишь на мосту через канал Грибоедова, справа можно увидеть очень красивый собор. Этот собор называется **Спас-на-крови**. Он называется так потому, что на этом месте в 1881-ом году революционеры-террористы убили русского **царя Александра Второго**.

Когда идёшь по Невскому проспекту от площади Восстания, в конце проспекта можно видеть здание и шпиль Адмиралтейства. **Адмиралтейство** было построено по проекту русского архитектора Захарова. Сейчас в здании Адмиралтейства находится Военно-морской инженерный институт. Здесь учатся будущие морские офицеры.

Когда гуляешь по Невскому проспекту, вспоминаешь слова великого русского **писателя Николая Васильевича Гоголя**, который писал: «Нет ничего лучше Невского проспекта, по крайней мере в Петербурге!»

Задание 3. *Прочитайте текст ещё раз. Используя список зданий из задания 2 в качестве плана, расскажите о главной улице Санкт-Петербурга – Невском проспекте.*

Задание 4. *а) Вспомните, что сказал великий русский писатель Гоголь о Невском проспекте. Скажите, согласны ли вы с этой оценкой? Если согласны, докажите правильность такой точки зрения.*

б) Назовите произведения Гоголя, которые вы знаете или читали.

Задание 5. *Расскажите о главной улице вашего города или вашей столицы.*

Казанский собор и Дом книги

МЕДНЫЙ ВСАДНИК
И ИСААКИЕВСКИЙ СОБОР

Памятник Петру I

Задание 1. *Определите значение следующих слов и словосочетаний:*

царь – царствовать (= быть царём, управлять государством в качестве царя) царствование

открывать – открыть + что? (окно, дверь, магазин, памятник)
открывать – открыть
открываться – открыться
открытый (-ая, -ое, -ые) (страд. прич.) **= который (-ую, -ое, -ые) открыли**
открыт (-а, -о, -ы) (краткое страд. прич.) **= был (-а, -о, -и) открыт (-а, -о, -ы)**
что открыли + когда? *(Памятник Петру Первому открыли 7 августа 1782 г.)*
что было открыто + когда? *(Памятник Петру Первому был открыт 7 августа 1782 г.)*
какой вид открывается + откуда? *(С колоннады собора открывается прекрасный вид на город Санкт-Петербург.)*

18

представлять собой + что? (представлять собой бронзовую композицию)
что представляет собой + что? (Памятник представляет собой бронзовую композицию.)

состоять + из чего? (состоять из трёх фигур)
что состоит + из чего? (Композиция состоит из трёх бронзовых фигур.)
сидеть + где? (= на чём?) (сидеть на коне)
кто сидит + где? (= на чём?) (Пётр Первый сидит на коне.)

скакать (характер движения лошади) **+ куда?** (скакать вперёд)
кто скачет + куда? (Конь скачет вперёд.)

называть – назвать + кого? (что?) + как? (назвать памятник «Медный всадник»)
называться + как?
кто назвал + что? + как? (Пушкин назвал памятник «Медный всадник».)
что называется + как? (Памятник называется «Медный всадник».)

наступать – наступить + на что? (на кого?) (наступить на змею)
кто наступил + на что? (на кого?) (Конь наступил на змею.)

побеждать – победить + кого? (победить врага)
побеждённый (-ая, -ое, -ые) (страд. прич.) **= которого (-ую, -ое, -ых) победили**
кто победил + кого? (Россия победила своих врагов.)
побеждённые враги России = враги, которых победила Россия

устанавливать – установить + что? + где? (установить статую на камне)
установленный (-ая, -ое, -ые) (страд. прич.) **= который (-ую, -ое, -ые) установили**
установлен (-а, -о, -ы) (краткое страд. прич.) **= был установлен**
что установили + где? (Бронзовую композицию установили на гранитном камне.)
что было установлено + где? (Бронзовая композиция была установлена на гранитном камне.)

напоминать – напомнить + что? (напоминать морскую волну)
напоминать + что? = быть похожим + на что? (быть похожим на морскую волну)
что напоминает + что? (Гранитный камень напоминает морскую волну.)

изготовить + что? = сделать + что? (изготовить памятник)
изготовление + чего? (изготовление памятника)

использовать + что? + для чего? (использовать бронзу для изготовления памятника)
использованный (-ая, -ое, -ые) (страд. прич.)
использован (-а, -о, -ы) (краткое страд. прич.) **= был использован**
что использовали + для чего? (Для изготовления памятника использовали 160 тонн бронзы.)
что было использовано + для чего? (Для изготовления памятника было использовано 160 тонн бронзы.)

находить – найти + что? + где? (найти гранитный камень недалеко от Петербурга)
(прошедшее время от глагола «найти»: нашёл, нашла, нашли)
что нашли + где? (Гранитный камень нашли недалеко от Петербурга.)

весить + сколько? = иметь определённый вес (весить 1600 тонн)
что весит + сколько? (Гранитный камень весит 1600 тонн.)
везти – возить + что? + куда? = транспортировать (везти камень в Петербург)
что везли + куда? (+ сколько времени?) (Гранитный камень везли в Петербург 7 месяцев.)

помещаться – поместиться + где? = найти место (поместиться в соборе)
где? (= в чём?) может поместиться + сколько? + чего? (Внутри собора может поместиться 14 тысяч человек.)

подниматься – подняться + куда? (подняться на колоннаду)
кто может подняться + куда? (Жители и гости города могут подняться на колоннаду Исаакиевского собора.)

Задание 2. *Прочитайте текст. Найдите в тексте ответ на вопрос, почему памятник Петру Первому называется «Медный всадник».*

7-го августа 1782-го года – сто лет спустя после начала царствования Петра Первого – по указу (= по приказу) императрицы Екатерины Второй в Санкт-Петербурге был открыт **памятник царю Петру Великому**. На гранитном камне можно прочитать надпись на латинском языке: Петру Первому – Екатерина Вторая. Этим Екатерина хотела сказать, что по своему значению для России она занимает второе место – сразу после Петра Первого.

Памятник представляет собой бронзовую (= медную) композицию, которая состоит из трёх бронзовых (= медных) фигур. Все фигуры глубоко символичны. Царь Пётр сидит на коне, который энергично скачет вперёд. Человек, который сидит на коне, называется всадником. Поэтому великий русский поэт **Александр Сергеевич Пушкин** назвал этот памятник **«Медный (= бронзовый) всадник»**. Конь задними ногами наступает на огромную змею. Конь символизирует Россию, а змея – побеждённых врагов России. Бронзовая композиция установлена на большом гранитном камне, который напоминает огромную морскую волну (= похож на волну). Волна – это символ успеха, которого достигла Россия при Петре Первом.

Для изготовления памятника было использовано 160 тонн бронзы и 4 тонны железа. **Гранитный камень весит 1600 тонн**. Его нашли недалеко от Санкт-Петербурга, но везли в город целых 7 месяцев. Автором памятника является **французский скульптор Фальконе**, а голову для скульптуры Петра Первого создала молодая **француженка Мари Колло**. Памятник стоит в центре красивой Сенатской площади. **В 1825-ом году** здесь произошло **восстание дворянских революционеров – декабристов**. Памятник Петру Первому – Медный всадник – является символом Санкт-Петербурга.

За памятником Петру Первому мы видим грандиозное (= очень большое) здание Исаакиевского собора. Его золотой купол виден (= можно видеть) из всех районов города. **Исаакиевский собор был построен в 1858-ом году** по проекту **французского архитектора Монферрана**. Строили собор целых 40 лет. Его **высота составляет 101,5** (= сто один с половиной) **метр**, что равно высоте тридцатиэтажного дома. А внутри собора (= в соборе) может поместиться **14 тысяч человек**. Жители и гости города могут подняться на колоннаду собора, откуда открывается прекрасный вид на Санкт-Петербург.

Исаакиевский собор

Задание 3. *Прочитайте текст ещё раз. Разделите текст на смысловые части. К каждой части поставьте один общий вопрос. Сравните ваш вариант с нашим:*
1. Когда и по чьему указу был открыт памятник Петру Первому?
2. Какие фигуры входят в состав бронзовой композиции памятника и что они символизируют?
3. Из каких материалов сделан памятник Петру Первому и кто его авторы?
4. Когда и кто построил Исаакиевский собор? Каковы его размеры?

Задание 4. *Используя вопросы из задания 3 в качестве плана, расскажите о двух известных достопримечательностях Санкт-Петербурга: памятнике Петру Первому – Медном всаднике и Исаакиевском соборе.*

Задание 5. *Расскажите о наиболее известном памятнике или храме в вашем городе или в вашей столице.*

Исаакиевский собор

ЗИМНИЙ ДВОРЕЦ
И ДВОРЦОВАЯ ПЛОЩАДЬ

Зимний дворец

Задание 1. *Определите значения следующих слов и словосочетаний:*

входить в состав +чего? (входить в состав Эрмитажа)
что входит в состав + чего? = в состав чего входит + что? (В состав музея входит пять зданий.)

размещённый (-ая, -ое, -ые) (страд. прич.) = **который (-ую, -ое, -ые) разместили**
размещён (размещена, -о, -ы) (краткое страд. прич.) = **был размещён**
что разместили + где? (Первые экспонаты разместили в Малом Эрмитаже.)
что было размещено + где? (Экспонаты были размещены в Малом Эрмитаже.)

собирать – собрать + что? (собирать марки, картины, музейные экспонаты)
собранный (-ая, -ое, -ые) (страд. прич.) = **который (-ую, -ое, -ые) собрали**
собран (-а, -о, -ы) (краткое страд. прич.) = **был собран**
что (было) собрано + где? = где собрано + что? (В Эрмитаже собраны произведения искусства со всего мира.)

создавать – создать + что? (создать здание, книгу, оперу)

созданный (-ая, -ое, -ые) (страд. прич.) = **который (-ую, -ое, -ые) создали**

создан (-а, -о, -ы) (краткое страд. прич.) = **был создан (+ кем?)**

кто создал + что? (Архитектор Росси создал здание Главного штаба.)

что было создано + кем? (Здание было создано архитектором России.)

что было создано + по проекту кого? (Здание Главного штаба было создано по проекту архитектора Росси.)

сооружать – соорудить + что? = строить – построить + что?

сооружённый (-ая, -ое, -ые) (страд. прич.) = **который (-ую, -ое, -ые) соорудили**

сооружён (сооружена, -о, -ы) (краткое страд. прич.) = **был сооружён**

что (было) сооружено + где? = где (было) сооружено + что? (В центре здания (была) сооружена высокая красивая арка.)

идти – выйти + откуда? + куда? (выйти с площади на проспект)

(С Дворцовой площади можно выйти на Невский проспект.)

идти – пройти + откуда + куда (пройти с проспекта на площадь)

(С Невского проспекта можно пройти на Дворцовую площадь.)

украшать – украсить + что? = делать – сделать красивым + что?

что украшает + что? (Арку украшает бронзовая скульптурная группа.)

олицетворять собой + что? = являться символом + чего?

олицетворять собой + что? (олицетворять собой славу России)

олицетворяющий (-ая, -ее, -ие) собой (действительное причастие) = **который (-ая, -ое, -ые) олицетворяет собой**

что олицетворяет собой + что? (Фигуры воинов олицетворяют собой военную славу России.)

делать – сделать + что? (+ из чего?) (сделать колонну из гранита)

сделанный (-ая, -ое, ые) (страд. прич.) = **который (-ая, -ое, -ые) сделали**

сделан (-а, -о, -ы) (краткое страд. прич.) = **был сделан (+ из чего?)**

что было сделано + из чего? (Колонна сделана из цельного куска гранита.)

держаться = здесь: стоять, не падать

что держится + благодаря чему? (Колонна держится благодаря силе тяжести.)

руководить + чем? (руководить страной, государством)

кто правил (= руководил) + чем? (Император Александр Первый руководил Россией.)

победа – победить – побеждать

побеждать – победить + кого? (побеждать врага)

побеждать – победить + кого? = одерживать – одержать победу + над кем?

кто победил + кого?(+ что?) (Россия победила армию Наполеона.)

кто одержал победу + над кем? (Россия одержала победу над армией Наполеона.)

Задание 2. *Прочитайте текст. Найдите в тексте ответы на следующие вопросы:*
1. *Какие архитекторы участвовали в создании ансамбля Дворцовой площади?*
2. *Из какой страны приехали эти архитекторы в Россию?*

Тронный зал Зимнего дворца

Главной и самой красивой площадью Санкт-Петербурга является **Дворцовая площадь**. Она называется так потому, что здесь расположен **Зимний дворец** – главная зимняя резиденция русских царей. Зимний дворец – одно из самых красивых зданий Санкт-Петербурга. Дворец был построен по проекту **итальянского архитектора Растрелли**. В настоящее время (= сейчас) здесь находится всемирно известный музей Эрмитаж. Эрмитаж – это огромный (= очень большой) музейный комплекс. В состав современного Эрмитажа входит пять зданий: **Зимний дворец, Малый Эрмитаж** (именно здесь по указу Екатерины Второй были размещены первые экспонаты музея), **Старый Эрмитаж, Новый Эрмитаж и Эрмитажный театр**. В Эрмитаже собраны произведения искусства со всего мира.

Напротив Зимнего дворца, на другой стороне Дворцовой площади, находится полукруглое **здание Главного штаба**. В настоящее время (= сейчас) в этом здании также размещена экспозиция Эрмитажа. Здание Главного штаба было создано по проекту другого **итальянского архитектора – Росси**. В центре здания сооружена высокая красивая арка, через которую можно выйти на Невский проспект или, наоборот, с Невского проспекта пройти на Дворцовую площадь. Арку украшает бронзовая скульптурная группа (= композиция): колесница Славы и фигуры воинов, олицетворяющие (= которые олицетворяют) собой военную славу России.

В центре Дворцовой площади установлена самая высокая в мире – **Александровская колонна**. Александровская колонна является памятником победы России над армией Наполеона в Отечественной войне 1812-го года. Эта колонна сделана из цельного (целого) куска гранита. **Её высота 47,5** (= сорок семь с половиной) **метра**, а **весит она 600 тонн**. Интересно, что колонна никак не закреплена и держится только благодаря силе собственной тяжести. На колонне установлена фигура ангела с крестом. Лицо ангела похоже на лицо русского императора Александра Первого, который правил Россией, когда она одержала очень важную для себя победу – победу над армией Наполеона.

Дворцовая площадь

Задание 3. *Прочитайте текст ещё раз. На основании содержания текста закончите следующие предложения.*

1. Дворцовая площадь является..
2. Она называется так потому,..
3. Зимний дворец – одно из..
4. Дворец был построен по проекту..
5. В настоящее время здесь находится..
6. В состав современного Эрмитажа входит..
7. В Эрмитаже собраны..
8. Напротив Зимнего дворца находится..
9. Здание Главного штаба было создано по проекту..
10. В центре здания Главного штаба сооружена..
11. Через арку можно выйти на..
12. С Невского проспекта через арку можно пройти на..
13. Арку украшает..
14. Фигуры воинов олицетворяют..
15. В центре Дворцовой площади установлена..
16. Александровская колонна является..
17. Эта колонна сделана из..
18. Интересно, что колонна держится только благодаря..
19. На колонне установлена фигура..
20. Лицо ангела похоже на..
21. Император Александр Первый правил..
22. Россия одержала победу над..

Задание 4. *Используйте предложения из задания 3 и расскажите о Дворцовой площади – главной площади Санкт-Петербурга.*

Задание 5. *Расскажите о главной площади вашего города или столицы вашего государства.*

Зимний дворец ночью

САНКТ-ПЕТЕРБУРГ –
КУЛЬТУРНАЯ СТОЛИЦА РОССИИ

Эрмитаж

Задание 1. *Определите значения следующих слов и словосочетаний:*

ехать – ездить – приехать – приезжать + куда? (приезжать в Петербург)
кто приезжает + куда? (*Туристы приезжают в Петербург.*)
идти – ходить – прийти – приходить + куда? (приходить в музей)
кто приходит + куда? (*Туристы приходят в музей.*)

знакомиться – познакомиться + с кем? (с чем?) (познакомиться с русской культурой)
кто знакомится + с чем? (*Туристы знакомятся с русской культурой.*)

считать + что? + чем? (считать Эрмитаж самым крупным музеем России)
считаться + чем? (считаться самым крупным музеем России)
что считают + чем? (*Эрмитаж считают самым крупным музеем России.*)
что считается + чем? (*Эрмитаж считается самым крупным музеем России.*)

занимать + какую территорию (какую площадь)? (занимать пять зданий)
что занимает + какую площадь? (*Эрмитаж занимает пять зданий.*)

приобретать – приобрести + что? (приобрести коллекцию картин)
приобрести (прош. время: **приобрёл, приобрела, приобрели**)
кто приобрёл + что? (*Екатерина Вторая приобрела коллекцию картин.*)

принадлежать + кому? (чему?) (принадлежать Эрмитажу)
что принадлежит + кому? = кому принадлежит + что?
(*Эрмитажу принадлежит здание Главного штаба.*)

насчитывать + сколько? + чего? (насчитывать 350 залов)
насчитываться + где? (насчитываться в Эрмитаже)
что насчитывает + сколько? + чего? (*Эрмитаж насчитывает 350 залов.*)
где насчитывается + сколько? + чего? (*В Эрмитаже насчитывается 350 залов.*)

хранить + что? + где? (хранить деньги в банке, хранить картины в музее)
храниться + где? (храниться в банке, храниться в музее)
где хранят + что? (*В музее хранят картины.*)
где хранится + что? (*В музее хранятся картины.*)

состоять + из чего? (из какого количества чего?) (состоять из 15 тысяч картин)
что состоит + из чего? (из какого количества чего?) (*Коллекция состоит из 15 тысяч картин.*)

Мариинский театр

Задание 2. *Прочитайте текст. Найдите в тексте ответы на следующие вопросы:*
1. Сколько всего зданий принадлежит Эрмитажу? Назовите эти здания.
2. Почему площадь в центре Петербурга получила название «Площадь Искусств»?

Санкт-Петербург называют культурной столицей России. И это не случайно, так как в Петербурге много исторических, архитектурных и культурных достопримечательностей. Поэтому тысячи туристов приезжают сюда, чтобы познакомиться с русской историей и культурой. В Петербурге и его пригородах находится около 200 (двухсот) самых разных музеев. Среди них есть и художественные (= музеи живописи), и исторические, и литературные, и музеи разнообразной техники (Военно-исторический музей артиллерии, инженерных войск и войск связи, Центральный военно-морской музей, Центральный музей железнодорожного транспорта), Российский этнографический музей, Музей театрального и музыкального искусства, Музей музыкальных инструментов и многие-многие другие. Но самые известные из музеев – это, конечно, **Эрмитаж и Русский музей**.

Эрмитаж считается не только крупнейшим (= самым крупным) музеем России, но и одним из самых больших музеев мира. Сейчас Эрмитаж занимает пять зданий: **Зимний дворец, Малый Эрмитаж, Старый Эрмитаж, Новый Эрмитаж и Эрмитажный театр**. Здание Малого Эрмитажа было построено по приказу Екатерины Второй специально для первой коллекции картин, которую русская императрица приобрела (= купила) для своего будущего музея. Кроме этих зданий, Эрмитажу принадлежат также **здание Главного штаба** и **Дворец Меньшикова**, расположенный **на Университетской набережной** – на противоположном берегу реки Невы.

В самом Эрмитаже насчитывается **350 залов**, в которых хранится около 3 (трёх) миллионов экспонатов. Коллекция музея рассказывает о развитии искусства в разных странах мира. Она состоит из **15 тысяч картин, 12 тысяч скульптур**, и множества других произведений искусства. Чтобы осмотреть (= посмотреть) все экспонаты, посетителю музея понадобится (= будет нужно) каждый день в течение **15 лет** приходить в музей как на работу!

Кроме музеев, в Петербурге есть много драматических и музыкальных театров, а также большое количество концертных залов. Санкт-Петербург часто называют музыкальной столицей России. Здесь находится знаменитый **Мариинский театр оперы и балета** (в народе его называют «Мариинка»), **Санкт-Петербургская государственная консерватория имени Николая Андреевича Римского-Корсакова**, а также не менее знаменитая **Филармония имени Дмитрия Дмитриевича Шостаковича**. Кроме Мариинки и Филармонии, среди известных музыкальных театров можно также назвать Михайловский (Малый) театр, а также **Театр музыкальной комедии** (= Театр оперетты).

Мариинский театр и Санкт-Петербургская государственная консерватория расположены на **Театральной площади**. А Филармония, Михайловский театр и Театр музыкальной комедии находятся на другой площади, которая называется – **площадь Искусств**. Эта площадь получила такое название потому, что на ней расположено несколько объектов культуры: уже известные нам два музыкальных театра и Филармония, а также два очень интересных музея – **Русский музей** (музей русской живописи) и **Российский этнографический музей**. Площадь Искусств является одной из самых красивых площадей Санкт-Петербурга. В центре площади расположен сквер, а в центре сквера, среди деревьев, установлен памятник **самому знаменитому русскому поэту Александру Сергеевичу Пушкину**.

Русский музей

Задание 3. *Прочитайте текст ещё раз. Исходя из содержания текста закончите следующие предложения:*

1. Санкт-Петербург называют……………………………………………….......
2. Тысячи туристов приезжают сюда, чтобы…………………………………...
3. В Петербурге и его пригородах находится…………………………………..
4. Эрмитаж считается не только крупнейшим музеем России, ………………..

31

5. Эрмитаж занимает пять зданий:...

6. Здание Малого Эрмитажа было построено..

7. Эрмитажу принадлежат также...

8. В Эрмитаже насчитывается...

9. В залах Эрмитажа хранится...

10. Экспонаты музея рассказывают...

11. Коллекция Эрмитажа состоит из...

12. Чтобы осмотреть все экспонаты, посетителю музея понадобится...................

13. Кроме музеев, в Петербурге есть...

14. Кроме Маринки и Филармонии, можно назвать другие музыкальные театры ......

15. Мариинский театр и Консерватория расположены ....

16. Площадь Искусств получила своё название потому, что...............................

17. Площадь Искусств является...

18. В центре площади Искусств установлен памятник.......................................

Задание 4. *Расскажите о Санкт-Петербурге как о культурной столице России. Можете использовать предложения из задания 3 в качестве тезисов.*

Задание 5. *Расскажите о объектах культуры в вашем городе или в столице вашего государства.*

Площадь Искусств. Памятник А. С. Пушкину.
(За памятником – Русский музей)

АЛЕКСАНДР СЕРГЕЕВИЧ ПУШКИН
И
ПЕТЕРБУРГ

А. С. Пушкин

Задание 1. *Определите значения следующих слов и словосочетаний:*

родиться + когда? + где? (родиться в 1799-ом году в Москве)
кто родился (что родилось) + когда? + где? (*Пушкин родился в 1799-ом году в Москве.*) (*В Царском Селе родились первые стихи Пушкина. = В Царском Селе Пушкин начал писать свои первые стихи.*)
у кого родился + кто? (*У Пушкина родилось четверо детей. = У Пушкина родились четыре ребёнка.*)

проводить – провести + что? (какой период времени?) (провести время, вечер, каникулы, свою юность)
кто провёл + какой период времени? + где? (*Пушкин провёл свою юность в Царском Селе под Петербургом.*)

учиться + где? (учиться в школе, в лицее, в университете, в консерватории)
кто учился + где? (*Пушкин учился в Лицее.*)

соединять – соединить + что? + с чем? (соединять дворец с Лицеем)

33

соединённый (-ая, -ое, -ые) (страд. прич.) = **который (-ую, -ое, -ые) соединили**
соединён (-а, -о, -ы) (краткое страд. прич.) = **был соединён**
что соединили + с чем? (*Лицей соединили с царским дворцом.*)
что было соединено + с чем? (+ как? = чем?) (*Лицей был соединён с дворцом специальным коридором.*)

иметь возможность + что делать? (иметь возможность гулять)
кто имел возможность + что делать? (*Ученики Лицея имели возможность гулять в парке.*)

заниматься + чем? (заниматься музыкой, спортом, литературой)
кто занимался + чем? (*Пушкин занимался литературой.*)

увлекаться + чем? (увлекаться театром, искусством)
кто увлекался + чем? (*Пушкин увлекался искусством.*)

бывать – побывать + где? (бывать в театрах)
кто бывал + где? (*Пушкин часто бывал в театрах.*)

жениться + на ком? (жениться на красавице)
кто женился + на ком? (*Пушкин женился на первой красавице Москвы.*)

селиться – поселиться + где? (поселиться в Петербурге)
поселиться = начать жить по определённому адресу
кто поселился + где? (*Семья Пушкиных поселилась в Петербурге.*)

нужно = надо = необходимо = приходится + что делать?
было нужно = было надо = было необходимо = приходилось + что делать?
кому приходилось + что делать? (*Пушкину приходилось много работать.*)

обеспечивать – обеспечить + кого? (+ чем?) (обеспечить семью)
(*Пушкину приходилось много работать, чтобы обеспечить жену и детей.*)
рана – ранить + кого? (ранить человека)
раненный (-ая, -ое, -ые) (страд. прич.) = **которого (-ую, -ое, -ых) ранили**
ранен (-а, -о, -ы) (краткое страд. прич.) = **был ранен**
кто был ранен? (*Пушкин был смертельно ранен на дуэли.*)

скончаться = умереть (+ когда? + где?) (скончаться через несколько дней)
кто скончался + когда? (*Пушкин скончался через несколько дней после дуэли.*)

посвящать – посвятить + что? + кому? (чему?) (посвятить стихи любимой женщине)
посвящённый (-ая, -ое, -ые) (страд. прич.) = **который (-ую, -ое, -ые) посвятили**
посвящён (посвящена, -о, -ы) (краткое страд. прич.) = **был посвящён**
кто посвятил = что? + чему? (+ кому?) (*Пушкин посвятил стихи Санкт-Петербургу.*)
что (было) посвящено + чему? (*Стихи (были) посвящены Санкт-Петербургу.*)
знать наизусть + что? (знать наизусть стихи Пушкина)
кто знает наизусть + что? (*Каждый русский знает наизусть стихи Пушкина.*)

Задание 2. *Прочитайте текст. Найдите в тексте ответ на вопрос, почему Царское Село получило название город Пушкин?*

Александр Сергеевич Пушкин – величайший (= самый великий) поэт России. Его имя дорого сердцу каждого русского человека. «Солнцем русской поэзии» назвали Пушкина благодарные соотечественники. Пушкин не просто поэт – он является создателем современного русского литературного языка, на котором мы говорим и который понятен нашим современникам.

А. С. Пушкин родился в 1799-ом году в Москве, но главные события его жизни связаны с городом на Неве – Санкт-Петербургом. Юность Пушкин провёл **в Царском Селе под Петербургом** (= недалеко от Петербурга). Здесь учился **в Лицее** – специальном учебном заведении для детей дворян. В Лицее дети не только учились, но и жили. Здание Лицея было соединено коридором с царским **Екатерининским дворцом**. Воспитанники (= ученики) Лицея имели возможность гулять в прекрасных парках Царского Села, которое сам Пушкин назвал своим отечеством. Он писал в своих стихах: «…нам целый мир чужбина. Отечество нам Царское Село!» Именно здесь, в Царском Селе, родились его первые стихи.

После окончания Лицея молодой поэт жил **в Петербурге**. В это время он серьёзно занимался литературой, увлекался искусством, часто бывал в петербургских театрах. Несколько лет Пушкин провёл на юге России и **в семейном поместье Михайловском**. На юге и в Михайловском Пушкин написал несколько глав своего самого известного поэтического произведения – **романа в стихах «Евгений Онегин»**, на сюжет которого впоследствии (= в будущем) **великий русский композитор П. И. Чайковский** написал одну из своих самых знаменитых опер – **оперу «Евгений Онегин»**.

В 1831-ом году А. С. Пушкин женился на первой красавице Москвы – Наталье Николаевне Гончаровой. Молодая семья поселилась в Петербурге. А лето они проводили в любимом Царском Селе. У Пушкина родилось четверо детей, и ему приходилось (= нужно было) много работать, чтобы обеспечить жену и детей.

В пригороде Петербурга – **на Чёрной речке** – Пушкин был смертельно ранен на дуэли и через несколько дней скончался (= умер) в своей квартире **на набережной реки Мойки, 12.**

Поэт посвятил много стихотворений **Петербургу, Неве, Летнему саду, Невскому проспекту**. В самом известном его произведении – знаменитом романе в стихах «Евгений Онегин» – мы находим прекрасные строки, которые посвящены Санкт-Петербургу. В 1833-ем году Пушкин создал поэму **«Медный всадник»**, где также есть строки, посвящённые прекрасному городу на Неве. Каждый русский с детства знает наизусть эти бессмертные строки!

Задание 3. *Прочитайте текст ещё раз. Обратите внимание, что текст разбит на абзацы. Подберите (= дайте) название для каждого абзаца. Сравните ваш вариант с нашим:*

1. Значение А. С. Пушкина для русского языка и русской литературы.
2. Юность поэта.
3. Самое известное произведение Пушкина.
4. Семейная жизнь Пушкина.
5. Петербург в произведениях поэта.

Задание 4. *Расскажите о том, какое место занимал Петербург в жизни великого русского поэта А. С. Пушкина. Используйте план из задания 3.*

Задание 5. *Расскажите о самом известном поэте вашей страны.*

**А. С. Пушкин
и его жена Наталья Николаевна**

ПЕТЕРБУРГ В ПОЭМЕ А. С. ПУШКИНА «МЕДНЫЙ ВСАДНИК»

Медный всадник

Задание 1. *Определите значения следующих слов и словосочетаний:*

творить – творение – творчество
творить = создавать что-то новое
творчество – процесс создания чего-то нового
творение = творенье – результат творчества *(Санкт-Петербург – творенье Петра Первого.)*

течь – течение – теченье = движение воды, реки (теченье реки Невы)

держава – державный (державное течение реки Невы)
берег – береговой (береговой гранит) – здесь: **гранитная набережная**
чугун
чугунный = сделанный из чугуна (чугунный узор ограды сада, парка, например ограда Летнего сада)

думать – задуматься
задумчивый (задумчивая ночь = тихая, спокойная ночь)
сумрак = период между светлым днём и тёмной ночью
прозрачный = ясный, не мешающий видеть (прозрачный сумрак)

луна – без луны – безлунный (безлунный блеск = безлунный свет)
лампада – здесь: **лампа**

пустой – пустыня – пустынный (пустынная улица = улица без людей)
ясный (-ая, -ое, -ые) – ясен (ясна, -о, -ы) (краткая форма прилагательного)
громады (громадный = очень большой) – здесь: **очень большие дома**
спать – спящий (-ая, -ее, -ие) (активное прич.) = **который (-ая, -ое, -ые) спит**
(*...И ясны спящие громады.*)

светлый (-ая, -ое, -ые) – светел (светла, -о, -ы) (краткая форма прилагательного)
игла – здесь: **шпиль Адмиралтейства** (*...И светла Адмиралтейская игла.*)

пускать = давать возможность пройти, появиться
пускать – пуская (деепричастие НСВ)
тьма = темнота (тьма ночная = темнота ночи)

небеса = небо
заря = время восхода или захода солнца

менять – сменять – сменить – смена = приходить, прийти на смену
сменить = занять чьё-либо место для выполнения работы или дежурства
давать – дать – дав (деепричастие СВ)
спешить (*Одна заря сменить другую спешит, дав ночи полчаса.*)

Задание 2. *Прочитайте отрывок из поэмы А. С. Пушкина «Медный всадник». Скажите, в какое время года описывает поэт свой любимый город.*

Люблю тебя, Петра творенье,
Люблю твой строгий, стройный вид,
Невы державное теченье,
Береговой её гранит,
Твоих оград узор чугунный,
Твоих задумчивых ночей
Прозрачный сумрак, блеск безлунный,
Когда я в комнате моей
Пишу, читаю без лампады…
И ясны спящие громады
Пустынных улиц, и светла
Адмиралтейская игла,
И, не пуская тьму ночную
На золотые небеса,
Одна заря сменить другую
Спешит, дав ночи полчаса.

Задание 3. *Прочитайте отрывок из поэмы ещё раз. Попробуйте рассказать, за что поэт любит этот город.*

Задание 4. *Прочитайте отрывок из поэмы со словарём и попробуйте перевести его на родной язык.*

Задание 5. *Выучите отрывок из поэмы А. С. Пушкина наизусть. Прочитайте его наизусть своим друзьям.*

Белые ночи

САНКТ-ПЕТЕРБУРГ –
КРУПНЫЙ ЦЕНТР НАУКИ И ОБРАЗОВАНИЯ

Санкт-Петербургский государственный университет

Задание 1. *Определите значение следующих слов и словосочетаний:*

являться + чем? (являться крупным научным центром)
что является + чем? (Петербург является крупным центром науки и образования.)

действовать + где? (действовать в Петербурге) = здесь: **работать**
что действует + где? (В Петербурге действует более ста вузов.)

учиться + где? (учиться в вузах Санкт-Петербурга)
кто учится + где? (В вузах Петербурга учатся российские и иностранные студенты.)

преподавать + что? (+ где?) (преподавать русскую литературу в университете)
кто преподаёт + что? (+ где?) (Профессор преподаёт литературу в университете.)

заканчивать – закончить + что? (какое учебное заведение?) (закончить школу, университет)

основать + что? (основать Петербургский университет)

основанный (-ая, -ое, -ые) (страд. прич.) **= который (-ую, -ое, -ые) основали**

основан (-а, -о, -ы) (краткое страд. прич.) **= был основан (+ кем?)**

что было основано + когда? (Петербургский университет был основан в 1819-ом году.)

строить – построить + что? (построить здание)

построенный (-ая, -ое, -ые) (страд. прич.) **= который (-ую, -ое, -ые) построили**

построен (-а, -о, -ы) (краткое страд. прич.) **= был построен**

что было построено + для чего? (Здание было построено для двенадцати министерств.)

управлять + чем? (управлять государством) **= руководить + чем?**

кто управлял + чем? (12 министерств управляли Российским государством.)

иметь + что? (иметь необычную архитектуру, иметь мировую известность)

что имеет + что? (Здание имеет необычную архитектуру.)

кто имеет + что? (Российские учёные имеют мировую известность.)

создавать – создать + что?

создатель = человек, который создал…

кто создал + что? (Менделеев создал Периодическую систему элементов.)

кто есть + кто? (Менделеев – создатель Периодической системы элементов.)

изобретать – изобрести + что?

изобретатель = человек, который изобрёл…

кто изобрёл + что? (Попов изобрёл радио.)

кто есть + кто? (Попов – изобретатель радио.)

Памятник М. В. Ломоносову

Задание 2. *Прочитайте текст. Найдите в тексте ответ на вопрос: кто из известных политических деятелей России учился в Петербургском государственном университете?*

Санкт-Петербург является крупным центром науки и образования России. Здесь работали такие всемирно известные **учёные**, как **М. В. Ломоносов, Д. И. Менделеев, И. П. Павлов** и многие другие.

В Санкт-Петербурге действует более 100 (ста) высших учебных заведений (= вузов), в которых учатся российские и иностранные студенты. Самыми известными петербургскими вузами являются: **Санкт-Петербургский государственный университет, Российский государственный педагогический университет имени А. И. Герцена, Технический университет, Санкт-Петербургский государственный Горный институт имени Г. В. Плеханова (Технический университет), Петербургский государственный университет путей сообщения, Санкт-Петербургский государственный университет экономики и финансов, Санкт-Петербургский государственный университет технологии и дизайна, Академический институт живописи, скульптуры и архитектуры имени И. Е. Репина (Академия художеств), Санкт-Петербургская государственная академия театрального искусства, Санкт-Петербургская государственная консерватория имени Н. А. Римского-Корсакова** и ряд других вузов.

Самым крупным и самым известным вузом является Санкт-петербургский государственный университет (СПбГУ). Он был основан в 1819-ом году. Главным зданием университета является здание Двенадцати коллегий, построенное по указу **Петра Первого** для 12 министерств, которые управляли (= руководили) Российским государством. Главное здание университета имеет необычную архитектуру. Оно представляет собой 12 самостоятельных зданий, объединённых общим коридором. Длина всех зданий, а значит и коридора, составляет **400 метров**.

СПбГУ имеет славную историю. Здесь преподавали видные учёные, которые имеют не только российскую, но и мировую известность: **создатель Периодической системы элементов химик Д. И. Менделеев, замечательный врач И. И. Мечников, выдающийся физиолог И. П. Павлов, изобретатель радио А. С. Попов, талантливый композитор А. П. Бородин, известные писатели и поэты XIX и XX веков – И. С. Тургенев, Н. А. Некрасов, А. А. Блок** и многие-многие другие.

Юридический факультет Санкт-Петербургского государственного университета закончили два президента Российской Федерации (= России) – **Владимир Владимирович Путин и Дмитрий Анатольевич Медведев.**

Д. И. Менделеев

А. С. Попов

И. П. Павлов

Задание 3. *Прочитайте текст ещё раз. Выпишите из текста имена выдающихся деятелей. Сравните ваш вариант с нашим:*

М. В. Ломоносов, И. П. Павлов, А. И. Герцен, Г. В. Плеханов, И. Е. Репин, Н. А. Римский-Корсаков, Пётр Первый, И. И. Мечников, А. С. Попов, А. П. Бородин, И. С. Тургенев, Н. А. Некрасов, А. А. Блок, В. В. Путин, Д. А. Медведев.

Задание 4. *Заполните таблицу. Распределите имена выдающихся деятелей России из задания 3 в соответствии с их профессией.*

Учёные	Писатели	Композиторы	Художники	Политики

Задание 5. *Расскажите, что вы знаете о Санкт-Петербургском государственном университете.*

Задание 6. *Расскажите о вузе, в котором вы учитесь в России. Расскажите об университете вашей страны, в котором вы учились раньше.*

Университет технологии и дизайна

САНКТ-ПЕТЕРБУРГСКАЯ ГОСУДАРСТВЕННАЯ КОНСЕРВАТОРИЯ
имени Н. А. Римского-Корсакова

Консерватория

Задание 1. *Определите значение следующих слов и словосочетаний:*

открывать – открыть + что? (открыть школу, учебное заведение)
открытый (-ая, -ое, -ые) (страд. прич.) = **который (-ую, -ое, -ые) открыли**
открыт (-а, -о, -ы) (краткое страд. прич.) = **был открыт**
что было открыто + где? + когда? (В 1862-ом году в Петербурге было открыто музыкальное учебное заведение.)

быть, стать (= начать быть) + кем? (быть, стать музыкантом)
кто стал + кем? (Первым директором Петербургской консерватории стал (был) А. Г. Рубинштейн. Чайковский стал профессором Московской консерватории.)

готовить – подготовить = воспитывать – воспитать + кого? (готовить, воспитывать музыкантов)

готовить – подготовить + кого? (готовить музыкантов)

кто подготовил + кого? (*Преподаватели Петербургской консерватории (= Петербургская консерватория) подготовили(а) много выдающихся музыкантов.*)

воспитывать – воспитать + кого? (воспитывать музыкантов)

кто воспитал + кого? (*Преподаватели Петербургской консерватории (= Петербургская консерватория) воспитали(а) много выдающихся музыкантов*)

существовать = быть = иметься в наличии

где существует + что? (*В консерватории существует несколько факультетов.*)

учиться + где? (учиться в консерватории)

где учится + кто? (*В консерватории учатся будущие музыканты.*)

заниматься + чем? (заниматься музыкой)

заниматься = быть занятым, учиться – обычно, самостоятельно

заниматься + где? + когда? (заниматься в библиотеке, заниматься вечером)

кто занимается + когда? + где? (*Днём студенты занимаются в консерватории, а вечером ходят в филармонию.*)

находиться + где? (находиться на Театральной площади)

что находится + где? (*Консерватория находится на Театральной площади.*)

идти – ходить, перейти – переходить + что? (через что?) (перейти дорогу = перейти через дорогу)

быть – бывать – побывать + где? (побывать в театре на спектакле)

(*Студенты консерватории могут перейти дорогу и побывать на спектакле Мариинского театра.*)

идти – ходить, пройти – проходить (о концерте, спектакле) = демонстрироваться

(*В концертном зале проходят концерты.*)

ставить – поставить (поставить спектакль, оперу, балет)

кто ставит + что? (*Режиссёр ставит спектакль.*)

ставиться – пассивная форма для НСВ

(*В оперной студии ставятся оперные спектакли.*)

играть – сыграть роль + в чём? (играть роль в развитии)

что играет (какую) роль + в чём? (*Консерватория играет важную роль в развитии музыкального искусства.*)

Задание 2. *Прочитайте текст. Найдите в тексте ответ на вопрос: памятники каким выдающимся деятелям русского музыкального искусства установлены около консерватории?*

Первое в России музыкальное учебное заведение – Санкт-Петербургская консерватория – была открыта **20-го сентября 1862-го года**. Её первым директором стал выдающийся российский музыкант – **Антон Григорьевич Рубинштейн**. Он был замечательным пианистом, дирижёром и композитором. Консерватория подготовила много выдающихся, известных во всём мире музыкантов, среди которых в первую очередь следует (= необходимо) назвать гениального русского композитора – Петра Ильича Чайковского. **Пётр Ильич Чайковский** окончил Петербургскую консерваторию и стал профессором Московской консерватории.

Почти 37 лет в Петербургской консерватории преподавал композицию и инструментовку другой выдающийся русский композитор – **Николай Андреевич Римский-Корсаков**. Он создал композиторскую школу и воспитал около 200 (двухсот) музыкантов. Среди них были такие замечательные композиторы, как **А. К. Глазунов**, **А. К. Лядов**, **С. С. Прокофьев** и **И. Ф. Стравинский**. Вот почему первая российская консерватория носит имя Н. А. Римского-Корсакова. Около консерватории можно видеть **два памятника** – это памятники двум замечательным русским **композиторам – М. И. Глинке и Н. А. Римскому-Корсакову**.

В Санкт-Петербургской консерватории существует (= есть) несколько факультетов: композиторский, дирижёрский, фортепианный, оркестровый и ряд других. Здесь учатся будущие композиторы, дирижёры, пианисты, скрипачи, виолончелисты и музыканты других музыкальных специальностей.

Современное здание Петербургской консерватории было построено **в 1896-ом году**. Оно находится **на Театральной площади**, напротив всемирно прославленного (= знаменитого) Мариинского театра оперы и балета. Студенты днём занимаются в консерватории, а вечером могут перейти дорогу и побывать на спектакле прославленного театра. Но и в самой консерватории есть (= существуют) два прекрасных концертных зала, где проходят концерты и ставятся оперные и балетные спектакли.

Таким образом, Санкт-Петербургская государственная консерватория и в наши дни (= и сейчас) продолжает играть важную роль в развитии отечественного и мирового музыкального искусства.

Задание 3. *Прочитайте текст ещё раз. Определите главную информацию каждого абзаца текста. Подберите к каждому абзацу название и запишите его. Сравните ваш вариант с нашим:*

1. Открытие первой российской консерватории в Петербурге.
2. Роль Н. А. Римского-Корсакова в развитии Петербургской консерватории.

3. Факультеты Петербургской консерватории.
4. Современное здание Петербургской консерватории.
5. Значение Петербургской консерватории в наши дни.

Задание 4. *Используя план из задания 3, расскажите о Санкт-Петербургской государственной консерватории имени Н. А. Римского-Корсакова.*

Задание 5. *Расскажите о наиболее известном музыкальном учебном заведении вашей страны.*

**Памятник
Н. А. Римскому-Корсакову**

**Памятник
М. И. Глинке**

ПЁТР ИЛЬИЧ ЧАЙКОВСКИЙ
И
ПЕТЕРБУРГ

П. И. Чайковский

Задание 1. *Определите значение следующих слов и словосочетаний:*

играть + на чём? (на каком музыкальном инструменте?) (играть на фортепиано, на скрипке, на флейте, на виолончели)
кто играет (играл) + на чём? (*Мать Чайковского хорошо играла на фортепиано.*)
сочинять – сочинить + что? (сочинять музыку, музыкальные произведения)
сочинять – сочинить – сочинение
сочинять – сочинить + что? (сочинять музыку)
сочинение + чего? (сочинение музыки)
сочинять – сочинить = писать – написать + что? (сочинять = писать музыку)
кто сочинил (= написал) + что? (*Свою первую музыкальную пьесу Чайковский сочинил (= написал), когда ему было всего четыре года.*)

везти – возить – привезти – привозить + кого? (что?) (везти ребёнка)
привозить – привезти + кого? (что?) + куда? (привезти мальчика в Петербург)
кого привезли + куда? (*Юного Чайковского привезли в Петербург.*)

поступать – поступить + куда? (поступить в школу, в училище, в университет, в консерваторию, на работу (= на службу))
кто поступил + куда? (*Чайковский поступил в училище. После училища Чайковский поступил на службу.*)

заниматься + чем? (заниматься музыкой)

посвящать – посвятить себя + чему? (посвятить себя музыке)

решать – решить + что (с)делать? (решить серьёзно заниматься музыкой = решить посвятить себя музыке)

кто решил + что (с)делать? (Чайковский решил серьёзно заниматься музыкой. = Чайковский решил посвятить себя музыке.)

открывать – открыть + что? (открыть консерваторию)

открыть – открытый (-ая, -ое, -ые) (страдательное причастие) = **который открыли**

открывать – открываться, открыть – открыться

открыться – открывшийся (-аяся, -ееся, -иеся) (действительное причастие с пассивным значением) = **который (-ая, -ое, -ые) открылся**

приглашать – пригласить + кого? + куда? (пригласить друга в гости, пригласить на работу в консерваторию)

кого пригласили + куда? (Чайковского пригласили на работу в Московскую консерваторию в качестве профессора.)

развивать – развить + что? (развивать музыкальное искусство)

развивать – развить – развитие

развитие + чего? (развитие музыкального искусства)

сравнивать – сравнить + что? + с чем? (сравнить творчество Чайковского с творчеством Пушкина)

что можно сравнить + с чем? (Значение творчества Чайковского можно сравнить с творчеством Пушкина.)

Задание 2. *Прочитайте текст. Найдите в тексте ответ на вопрос: где (в каких учебных заведениях) учился Пётр Ильич Чайковский?*

Пётр Ильич Чайковский – великий русский композитор. Его музыку знают и любят не только в России, но и в других странах мира.

Чайковский родился 7-го мая 1840-го года на Урале. В семье Чайковских очень любили музыку. Его мать хорошо играла на фортепиано. Уже в раннем детстве у Чайковского были необыкновенные музыкальные способности. Свою первую музыкальную пьесу он сочинил, когда ему было всего четыре года.

В 1850-ом году юного Чайковского привезли в Петербург. Здесь он поступил в училище правоведения, где изучал юридические науки. Одновременно Чайковский продолжал заниматься музыкой. После окончания училища он поступил на службу (= на работу), но любовь к музыке победила. Чайковский решил серьёзно посвятить себя музыкальному искусству. Для этого он поступил в музыкальное училище, а после его окончания в 1862-ом году – в только что (= недавно) открывшуюся (= открытую) Петербургскую консерваторию. Чайковский стал её самым талантливым, а впоследствии (= потом) и самым прославленным студентом.

После блестящего окончания в 1865-ом году Петербургской консерватории Чайковского пригласили на работу в качестве профессора в только что (= недавно) открывшуюся Московскую консерваторию. Кроме преподавательской деятельности (= работы), Чайковский много времени посвящал сочинению музыки. И именно сочинение музыки стало главным делом всей его жизни.

Композиторский талант Чайковского был чрезвычайно (= очень) многогранным: он писал оперы, балеты, симфонии, романсы, инструментальную музыку. Среди наиболее известных произведений композитора можно назвать **оперы «Евгений Онегин» и «Пиковая дама»** на сюжеты произведений А. С. Пушкина, а также **балеты «Лебединое озеро», «Спящая красавица» и «Щелкунчик»**.

Значение Чайковского и его творчества для развития русского музыкального искусства можно сравнить только со значением Пушкина и его творчества для развития русской литературы.

Задание 3. *Прочитайте текст ещё раз. Подтвердите данные ниже утверждения фактами из текста, продолжив предложения.*

1. Пётр Ильич Чайковский – великий русский композитор. ……………………..
2. Уже в раннем детстве у Чайковского были необыкновенные музыкальные способности. ………………………………………………………………………
3. Чайковский решил серьёзно посвятить себя музыке. ………………………….
4. Сочинение музыки стало главным делом его жизни. ………………………….
5. Композиторский талант Чайковского был чрезвычайно многогранным. ……….
6. Значение творчества Чайковского как композитора имело большое значение для развития русского музыкального искусства. …………………………………

Задание 4. *Расскажите о жизни и творчестве П.И. Чайковского. Используйте предложения из задания 3 в качестве тезисов.*

Задание 5. *Расскажите об одном из выдающихся композиторов вашей страны.*

Балет П. И. Чайковского «Лебединое озеро»

КОЛЫБЕЛЬ РЕВОЛЮЦИИ

Восстание декабристов

Задание 1. *Определите значение следующих слов и словосочетаний:*

происходить – произойти + когда? (+ где?)
что произошло + когда? (+ где?) (Революция произошла в 1917-ом году в России.)

носить имя + чьё? (носить имя Римского-Корсакова)
носить характер + чего? (носить характер дворцовых переворотов)
что носит (носило) + характер чего? (Революционные события носили характер дворцовых переворотов.)

приходить – прийти + к власти = брать – взять власть
кто пришёл к власти + в результате чего? (Дочь Петра Первого пришла к власти в результате переворота.)

убивать – убить + кого? (убить царя)
убивать – убить – убийство
убийство + кого? (убийство царя)

убить – убитый (-ая, -ое, -ые) (страдательное причастие) = **которого (-ую, -ое, -ых) убили = который был убит**

убит (-а, -о, -ы) (краткое страд. прич.) = **был убит**

кто был убит + кем? (Царь Пётр Третий был убит офицерами.)

управлять = руководить + чем?

управлять + чем? (управлять государством)

кто управлял + чем? (Екатерина Вторая управляла Россией 34 года.)

руководить + чем? (руководить восстанием)

кто руководил + чем? (Восстанием руководила группа офицеров.)

руководить – руководство + чем? – руководитель + чего? (руководитель восстанием)

победа – победить

победить + кого? (победить Наполеона) = **одержать победу + над кем?** (одержать победу над Наполеоном)

кто одержал победу + над кем? (Россия одержала победу над Наполеоном.)

терпеть – потерпеть поражение

что потерпело поражение (Восстание декабристов потерпело поражение.)

поднимать – поднять восстание + против кого? (поднять восстание против царя)

кто поднял восстание + против кого? (Группа офицеров подняла восстание против нового царя Николая Первого.)

входить – войти в историю + как? (под каким именем, под каким названием?)

что вошло в историю + как? (под каким названием?) (Восстание 1825-го года вошло в историю как «Восстание декабристов» = под названием «Восстание декабристов».)

подавлять – подавить + что? (подавить восстание)

кто подавил +что? (Царь Николай Первый подавил восстание декабристов.)

вешать – повесить + кого? (+ что?) (повесить руководителей восстания)

повешенный (-ая, -ое, -ые) (страд. прич.) = **которого повесили = который был повешен**

повешен (-а, -о, -ы) (краткое страд. прич.) = **был повешен**

кто был повешен (+ за что?) (Руководители восстанием были повешены за своё участие в восстании.)

отправлять – отправить + куда? (отправить в ссылку)

отправленный (-ая, -ое, -ые) (страд. прич.) = **которого (-ую, -ое, -ых) отправили = который был отправлен**

отправлен (-а, -о, -ы) (краткое страд. прич.) = **был отправлен**

кто был отправлен + куда? (Участники восстания были отправлены в ссылку в Сибирь.)

выходить – выйти + куда? (выходить – выйти к народу; выходить – выйти на демонстрацию)

кто вышел на демонстрацию (Рабочие вышли на демонстрацию.)

направляться – направиться + куда? = идти – пойти + куда
кто направился + куда? (*Рабочие направились к Зимнему дворцу.*)

встречать – встретить + кого? (встретить рабочих)
кто встретил + кого? = кого встретил + кто? (*Рабочих встретили солдаты.*)
встречаться – встретиться + с кем? (встретиться с царём)
кто хотел встретиться + с кем? (*Рабочие хотели встретиться с царём.*)

просить – попросить + кого? (+ о чём? = что сделать?) (попросить царя о помощи, попросить царя решить проблему)

помогать – помочь + кому? (+ что сделать?) (помочь рабочим решить их проблемы)

решать – решить + что? (решить проблему)
кто хотел попросить + кого (попросить + о чём? = попросить + что сделать?) (*Рабочие хотели попросить царя помочь решить их проблемы.*)

стрелять = в кого? (стрелять в рабочих)
кто начал стрелять + в кого? (*Солдаты начали стрелять в рабочих.*)

оставаться – остаться + сколько времени? (осталось два года)
кому осталось жить + сколько времени? (*Российской империи оставалось жить 12 лет.*)

Революция 1917 г.

Задание 2. *Прочитайте текст. Найдите в тексте ответы на вопросы:*

1. Почему восстание офицеров в 1825-ом году вошло в историю, под названием «Восстание декабристов»?

2. Почему события 9-го января 1905-го года получили название «Кровавое воскресенье»?

Санкт-Петербург – город с непростой и нелёгкой судьбой. Иногда его называют городом революций. Действительно, здесь произошло несколько крупных революционных событий. **В XVIII веке** революционные события носили (= имели) характер **дворцовых переворотов**. В результате переворота в середине XVIII века к власти с помощью офицеров пришла **младшая дочь Петра Первого Елизавета**.

В 1762-ом году – после убийства группой офицеров **царя Петра Третьего** (внука Петра Первого, сына его старшей дочери Анны, племянника царицы Елизаветы) – русской царицей в результате переворота стала его жена – **Екатерина Вторая**, которая управляла Россией **34 года**.

В 1801-ом году император **Павел Первый** – сын Екатерины Второй и Петра Третьего – был также убит группой офицеров. В результате русским царём стал его сын – **Александр Первый**. При Александре Первом, **в 1812-ом году, Россия одержала победу в войне с Наполеоном**.

В декабре 1825-го года, после смерти Александра Первого, группа офицеров и часть армии подняла восстание против нового царя Николая Первого – младшего брата Александра Первого. Это событие вошло в историю как **Восстание декабристов. Царь Николай Первый** жестоко подавил восстание. Восстание потерпело поражение, в результате чего пять его руководителей были повешены, а многие отправлены в ссылку **в Сибирь и на войну на Кавказ**.

1-го марта 1881-го года в Петербурге революционеры-террористы убили **царя Александра Второго** – сына Николая Первого. На этом месте в память убитого императора был построен замечательный собор, который в народе называют **Спас-на-крови**.

Следующим царём стал сын Александра Второго – **Александр Третий**. При Александре Третьем не было войн, поэтому народ назвал его «царь-миротворец».

В воскресенье, 9-го января 1905-го года рабочие Петербурга, недовольные своим тяжёлым положением, вышли на демонстрацию и направились (= пошли) к Зимнему дворцу, чтобы встретиться с царём **Николаем Вторым** – сыном царя Александра Третьего. Они хотели рассказать ему о своём тяжёлом положении и попросить помочь им решить их проблемы. Но последний русский царь Николай Второй не вышел к народу. Рабочих встретили солдаты, которые начали стрелять в народ, в результате чего многие были убиты и ранены.

Это событие вошло в историю под названием **«Кровавое воскресенье».** А день 9 января стал первым днём первой русской революции. Российской империи оставалось жить всего 12 лет.

Задание 3 *Прочитайте текст ещё раз. Выпишите все имена русских царей, которые встречаются в тексте. Сравните ваш вариант с нашим.*

1) царь Пётр Первый; 2) царица Елизавета; 3) царь Пётр Третий; 4) царица Екатерина Вторая; 5) царь Павел Первый; 6) царь Александр Первый; 7) царь Николай Первый; 8) царь Александр Второй; 9) царь Александр Третий; 10) царь Николай Второй

Задание 4. *Скажите, в каких родственных отношениях находились друг с другом исторические персонажи из задания 3. Какие события русской истории связаны с их именами? Сравните ваш вариант с нашим.*

1. Царь Петр Первый в 1703-ем году основал город Санкт-Петербург.
2. Царица Елизавета – младшая дочь Петра Первого. В середине XVIII она века пришла к власти в результате дворцового переворота.
3. Царь Пётр Третий – внук Петра Первого, сын его старшей дочери Анны, племянник царицы Елизаветы. В 1762-ом году был убит группой офицеров в результате дворцового переворота.
4. Царица Екатерина Вторая – жена царя Петра Третьего. В 1762-ом году она пришла к власти в результате дворцового переворота и убийства группой офицеров её мужа – царя Петра Третьего. Управляла Россией 34 года.
5. Царь Павел Первый – сын Петра Третьего и Екатерины Второй. В 1801-ом году был убит группой офицеров.
6. Александр Первый – сын Павла Первого, внук Екатерины Второй. При Александре Первом, в 1812-ом году, Россия одержала победу в войне с Наполеоном.
7. Царь Николай Первый – сын Павла Первого, младший брат Александра Первого. В 1825-ом году Николай Первый жестоко подавил восстание декабристов.
8. Царь Александр Второй – сын Николая Первого. В 1881-ом году убит революционерами-террористами. На месте убийства Александра Второго был построен собор, который в народе называется Спас-на-крови.
9. Царь Александр Третий – сын царя Александра Второго. При Александре Третьем не было войн.
10. Царь Николай Второй – сын царя Александра Третьего, последний русский царь.

Задание 5. *Расскажите об основных исторических событиях, которые имели место в Санкт-Петербурге – столице Российской империи – в XVIII, XIX и в начале XX века. Используйте информацию из задания 3 в качестве конспекта.*

Задание 6. *Расскажите о наиболее интересных исторических событиях, которые имели место в вашей стране.*

Спас-на-крови
(храм построен на месте убийства революционерами-террористами царя-освободителя Александра II)

ТРИ ИМЕНИ ГОРОДА

Задание 1. *Определите значение следующих слов и словосочетаний:*

существовать = быть, жить, иметься в наличии
существовать – существование
что существует + сколько времени? *(Петербург существует уже триста лет.)*

менять – поменять + что? (поменять имя)
поменять имя = дать новое, другое имя = переименовать
кто (что) поменял своё имя (своё название) *(Город поменял своё название.)*
кому дали новое имя *(Городу дали новое имя.)*
что переименовали + во что? *(Санкт-Петербург переименовали в Петроград.)*
заменять – заменить + что? + на что? (заменить немецкое название на русское название)
   заменили одно имя (название) на другое *(Заменили немецкое название Петербург на русское название Петроград.)*

делать – сделать + что? + чем? (сделать город столицей государства)
   кто сделал + что? + чем? *(Пётр Первый сделал Петербург столицей Российской империи.)*

вступать – вступить + куда? во что? (в какое состояние?) (вступить в войну)
кто (что) вступил в войну (+ с кем?) (В 1914-ом году Россия вступила в войну с Германией.)

приходится + кому? (= должен + кто?) + что сделать? (приходится заменить название города)
пришлось + кому? (= был должен + кто?) + что сделать? (пришлось заменить название города)
(кому) пришлось + что сделать? (Когда началась война с немцами, пришлось заменить немецкое название города на русское название.)

вынужден (был) + что сделать? = должен (был) + что сделать? (вынужден был отказаться от престола)

отказываться – отказаться + от чего? (отказаться от чая; отказаться от престола)
кто отказался + от чего? (Царь отказался от престола.)
кто вынужден был + что сделать? (Царь вынужден был отказаться от престола.)

хороший – лучше – лучший
лучше – улучшать – улучшить (= делать – сделать лучше) – улучшаться – улучшиться (улучшить положение – положение улучшилось)

плохой – хуже – худший
хуже – худший – ухудшать – ухудшить (= делать – сделать хуже) – ухудшаться - ухудшиться (ухудшить положение – положение ухудшилось)
(В результате революции положение в России не улучшилось, а ухудшилось.)

захватывать – захватить + что? (захватить город, захватить власть)
кто захватил + что? (В октябре 1917-го года власть захватила партия большевиков во главе с В. И. Лениным.)

ехать – переехать – переезжать + куда? (переехать на новую квартиру, переехать в Москву) **= поменять место жительства**
кто переехал + куда? (+ откуда?) (В 1918-ом году советское правительство переехало из Петрограда в Москву.)

стать = начать быть + кем? (чем?)
перестать = кончить быть + кем? (чем?)
кто (что) перестал(о) быть + кем? (чем?) (В 1918-ом году Петроград перестал быть столицей России.)

переживать – пережить + что? (пережить тяжёлые военные годы)
кто пережил + что? (Ленинград пережил тяжёлые годы Великой Отечественной войны.)

устанавливать – установить + какой порядок? (установить новый политический строй)

установленный (**-ая, -ое, -ые**) (страд. прич.) = **который установили** = **который был установлен**

установлен (**-а, -о, -ы**) (краткое страд. прич.) = **был установлен**

что было установлено (+ где? + когда?) (Новый общественно-политический строй был установлен в 1991-ом году в России.)

возвращать – возвратить (**= вернуть**) **+ что? + кому?** (возвратить = вернуть городу первоначальное имя (= название))

возвращённый (**-ая, -ое, -ые**) (страд. прич.) **= который возвратили (= вернули) = который был возвращён**

возвращён (**возвращена, -о, -ы**) (краткое страд. прич.) = **был возвращён**

кому (чему) возвратили (= вернули) + что?(Городу вернули его первоначальное название.)

кому было возвращено + что? (Городу было возвращено его первоначальное название.)

Задание 2. *Прочитайте текст. Найдите в тексте ответы на два вопроса:*
1. Сколько раз переименовали город на Неве?
2. Когда город на Неве получал своё новое название и почему?

За триста лет своего существования город на Неве трижды (=три раза) менял своё название. Основатель города Пётр Первый любил всё европейское и поэтому дал новому городу немецкое имя – **Санкт-Петербург** (город святого Петра). **В 1712-ом году** Пётр сделал Санкт-Петербург новой столицей Российской империи.

1-го августа 1914-го года Россия вступила в **Первую мировую войну против Германии и Австрии**. Немецкое название города Санкт-Петербург пришлось (= должны были) заменить на его русский перевод – **Петроград**. Война с Германией была долгой и тяжёлой. И **в феврале 1917-го года в России произошла революция**, в результате которой последний русский царь Николай Второй вынужден был отказаться от престола.

Но положение в России не улучшилось, а ухудшилось. Поэтому **в октябре 1917-го года** в Петрограде произошла ещё одна революция, в результате которой власть в России захватила **партия большевиков во главе с В. И. Лениным. В 1918-ом году** новое советское правительство, во главе которого стоял Ленин, переехало в Москву, и Петроград перестал быть столицей России. **В 1924-ом году,** когда **умер Ленин**, город переименовали (= дали новое имя) в **Ленинград**. С этим именем город пережил тяжёлые **годы Великой Отечественной войны 1941–1945-го годов**.

В 1991-ом году в России снова произошли революционные события, в результате которых **СССР (Союз Советских Социалистических Республик)** перестал существовать как союзное государство, а в России был установлен новый общественно-политический строй. **И в 1991-ом году** городу было возвращено (= вернули) его первоначальное название – **Санкт-Петербург.**

60

Задание 3. *Прочитайте текст ещё раз. На основании содержания текста по памяти продолжите (= закончите) следующие предложения.*

1. За триста лет своего существования город на Неве трижды....................
2. Пётр Первый любил всё европейское и поэтому.................................
3. В 1712 году Пётр сделал Санкт-Петербург..
4. В 1914 году Россия вступила в...
5. Немецкое название города пришлось...
6. В результате революции 1917 года царь Николай Второй вынужден был...
7. В результате Октябрьской революции власть в стране.........................
8. В 1918 году новое советское правительство......................................
9. В 1918 году Петроград перестал..
10. Когда в 1924 году умер Ленин, Петроград..
11. С именем Ленина город пережил...
12. В 1991 году в России снова произошли...
13. В 1991 году СССР перестал существовать как....................................
14. В 1991 году в России был установлен...
15. В 1991 году городу на Неве было возвращено....................................

Задание 4. *Расскажите о трёх названиях города на Неве. Используйте предложения из задания 3 в качестве плана.*

Задание 5. *Расскажите о происхождении и о значении названия вашего родного города или столицы вашей страны.*

Бюст Петра I на Московском вокзале

ГОРОД В ГОДЫ ВОЙНЫ

Ленинград во время блокады

Задание 1. *Определите значение следующих слов и словосочетаний:*

нападать – напасть + на кого? (напасть на другую страну)
кто напал + на кого? (*1-го сентября 1939-го года Германия напала на Польшу, а 22-го июня 1941-го года – на Советский Союз.*)

оказаться + в каком положении? (оказаться не готовым (= не готов) к войне)
кто оказался в каком положении (= в каком состоянии?) (*СССР оказался не готов к войне.*)

удаваться – удаться (+ кому?) + что сделать? (удаться быстро подойти)
кому удалось + что сделать? (*Немцам удалось быстро подойти к Ленинграду.*)

окружать – окружить + что? (окружить город)
кто окружил + что? (кого?) (*Немцы окружили Ленинград со всех сторон.*)

блокада
блокировать + взять в блокаду + что? (блокировать город)
кто блокировал + что? (*Немецкие и финские войска блокировали город.*)

продолжаться + сколько времени? (как долго?) (продолжаться 900 дней)

что продолжалось + сколько времени? (как долго?) (Блокада Ленинграда *продолжалась 900 дней.)*

бомба – бомбить (= бомбардировать) + что? (бомбить город)

стрелять – обстрелять – обстреливать + что? (обстреливать город)

кто бомбил и обстреливал + что? (Немцы постоянно бомбили и обстреливали *город.)*

оставаться – остаться (= продолжать быть в наличии, быть в резерве) + где? (оставаться в городе)

где осталось + что?

где (не) осталось + чего? (В городе не осталось продовольствия (= продуктов).)

получать – получить + что? (получать хлеб)

кто получал + что? (+ как?) (Ленинградцы получали хлеб по карточкам.)

составлять + сколько? + чего? (какое количество?) (составлять 125 граммов)

что составляло + сколько чего? (Дневная норма хлеба на одного человека *составляла 125 граммов.)*

умирать – умереть (прошедшее время: **умер, умерла…**) **+ от чего?** (умереть от голода)

погибать – погибнуть (прошедшее время: **погиб, погибла…**) **= быть убитым, умереть не своей смертью**

кто умирал и погибал + от чего? (Ленинградцы умирали от голода и погибали под *бомбами.)*

прокладывать – проложить + что? (проложить дорогу)

что проложили + где? = где проложили + что? (По льду Ладожского озера *проложили дорогу, которую назвали «Дорога жизни».)*

везти – возить – вывозить – вывезти + откуда? (вывозить из города)

везти – возить – ввозить – ввезти + куда? (ввозить в город)

что ввозили + куда? и что? (кого?) вывозили + откуда? (В город ввозили *продукты и медикаменты, а из города вывозили детей и больных.)*

выпускать – выпустить (= производить – произвести) + что? (выпускать военную продукцию)

кто выпускал + что? (На заводах и фабриках ленинградцы выпускали танки и *артиллерийские снаряды.)*

выстоять = выжить в трудных условиях (выстоять в войне, в блокаде)

кто (что) выстоял + в каких условиях? (Город выстоял и победил в дни блокады.)

рассказывать + о чём? (рассказывать о подвиге Ленинграда)

что (кто) рассказывает + о чём? (Ветераны рассказывают о подвиге Ленинграда.)

Задание 1. *Прочитайте текст. Объясните, как вы понимаете, что такое блокада Ленинграда в годы Великой Отечественной войны.*

1-го сентября 1939-го года Германия напала на Польшу – так началась **Вторая мировая война**. А **22-го июня 1941-го года** без объявления войны гитлеровская **Германия напала на Советский Союз** – так началась война Советского Союза против Германии, которая вошла в историю под названием **«Великая Отечественная война»** война советского народа против немецко-фашистских захватчиков (= оккупантов).

Советский Союз оказался (= был) не готов к войне, поэтому немецким войскам удалось (= войска смогли) очень быстро подойти к Ленинграду, и уже **8-го сентября** немцы окружили город со всех сторон. С севера Ленинград блокировали финские войска. Началась **блокада Ленинграда**, которая продолжалась **900 дней**, то есть два с половиной года.

Немцы непрерывно (= без перерыва, постоянно) бомбили город с самолётов, обстреливали из артиллерийских орудий (= пушек). В Ленинграде не было света, тепла, не работал водопровод и городской транспорт. В городе почти не осталось продовольствия (= продуктов питания). Ленинградцы получали хлеб по карточкам, и его дневная норма (= норма на один день) на работающего человека составляла **всего 125 граммов!** Поэтому многие ленинградцы умирали от голода. Многие погибали под бомбами и артиллерийскими снарядами. Всего за время блокады **погибло около 600** (= шестисот) **тысяч человек**.

Но город не сдался врагу! По льду Ладожского озера проложили дорогу, по которой из Ленинграда вывозили детей и больных, а в город ввозили продовольствие и медикаменты (= лекарства). Эта ледовая дорога получила название **«Дорога жизни»**.

Ленинградцы продолжали **работать по 16–20 (!) часов в сутки**. Они выпускали военную продукцию: танки и артиллерийские снаряды. В блокадном Ленинграде работали не только заводы, но и школы, библиотеки, Театр музыкальной комедии и Филармония. **В 1942-ом году** весь мир услышал по радио из блокадного Ленинграда прекрасную музыку, это была знаменитая теперь **Седьмая (Ленинградская) симфония Дмитрия Дмитриевича Шостаковича**, выдающегося композитора XX века.

Город-герой Ленинград выстоял и победил. О подвиге Ленинграда и ленинградцев в военные годы рассказывают многие памятники города, среди которых в первую очередь следует (= надо) назвать **Пискарёвское мемориальное кладбище на проспекте Непокорённых и Мемориальный комплекс на площади Победы**.

Задание 3. *Прочитайте текст ещё раз. К каждому абзацу придумайте название. Составьте план текста. Сравните ваш вариант с нашим.*

1. Начало Второй мировой и Великой Отечественной войны.
2. Начало блокады Ленинграда.
3. Жизнь в городе в условиях блокады.
4. «Дорога жизни».
5. Ленинградцы в годы блокады города.
6. Подвиг Ленинграда и его жителей.

Задание 4. *Расскажите о подвиге Ленинграда и его жителей во время блокады. Используйте план из задания 3.*

Задание 5. *Расскажите о героическом прошлом вашего города или столицы вашей страны.*

**Пискарёвское
мемориальное кладбище**

КОМПОЗИТОР
ДМИТРИЙ ДМИТРИЕВИЧ ШОСТАКОВИЧ
И
ЕГО ЛЕНИНГРАДСКАЯ СИМФОНИЯ

Дмитрий Дмитриевич Шостакович

Задание 1. *Определите значение следующих слов и словосочетаний:*

расти – вырасти (прошедшее время: **рос – вырос, росла – выросла…**) **+ где?** (расти в семье любителей музыки)

кто (вы)рос + в какой семье? (Будущий композитор рос в семье, в которой очень любили музыку.)

сочинять – сочинить + что? (сочинять музыку, музыкальные произведения)

кто сочинил + что? (В девять лет Шостакович уже сочинил своё первое музыкальное произведение.)

сочинять – сочинить = писать – написать = создавать – создать + что? (сочинять, писать, создавать музыкальные произведения)

сочинять + что? = работать над чем? (сочинять музыкальное произведение = работать над музыкальным произведением = работать над сочинением музыкального произведения)

поступать – поступить + куда? (поступить в школу, в училище, в университет, в консерваторию)

кончить – окончить – оканчивать (= заканчивать – закончить) + что? (окончить школу, училище, университет, консерваторию)

кто поступил + куда? (В 1919-ом году Шостакович поступил в консерваторию.)

кто окончил + что? (Он окончил консерваторию по классу фортепиано и композиции.)

мешать – помешать + кому + что делать? (помешать композитору работать)

мешать – помешать + чему? (помешать работе композитора)

что (не) помешало + кому? + что делать? (Ни голод, ни холод, ни бомбёжки не помешали композитору работать над своим произведением.)

что (не) помешало + чему? (Ни голод, ни холод, ни бомбёжки не помешали работе композитора над его произведением.)

завершать – завершить = заканчивать – закончить + что? (завершить симфонию = завершить сочинение симфонии)

завершённый (-ая, -ое, -ые) (страд. прич.) **= который (-ую, -ое, -ые) завершили = который был завершён**

завершён (завершена, -о, -ы) (краткое страд. прич.) **= был завершён**

кто завершил + что? (Композитор завершил свою симфонию.)

что было завершено + кем? (Симфония была завершена композитором.)

решать – решить + что? + сделать? (решить исполнить симфонию)

исполнять – исполнить + что? (исполнить симфонию)

что решили исполнить + где? (Симфонию решили исполнить в Ленинградской филармонии.)

доказывать – доказать + что? (какой факт?) (доказать, что город жив)

бороться + с кем? = против кого? (бороться с врагом…)

кто решил доказать + что? (Решили доказать, что город жив и продолжает бороться.)

нужно (наречие) **+ что (с)делать?** (нужно найти музыкантов, нужно собрать музыкантов)

для чего нужно + что сделать? (Для исполнения симфонии было нужно собрать музыкантов оркестра.)

нужен (нужна, -о, -ы) (краткое прилагательное в роли сказуемого)

что нужно + для чего? (Для исполнения симфонии был нужен оркестр.)

находить – найти (прошедшее время: **нашёл, нашла, нашли) + кого?** (найти музыкантов)

отправлять – отправить + кого? (что?) + куда? (отправить музыкантов в Ленинград)

репетировать + что? (репетировать симфонию)

кого нашли и отправили + куда? + что делать? (*Музыкантов оркестра нашли на фронте и отправили в Ленинград репетировать симфонию.*)

состояться (о концерте, о спектакле, о демонстрации фильма)

что состоялось + когда? = где? (*Концерт состоялся 9-го августа 1942-го года в зале Ленинградской филармонии.*)

звучать – прозвучать

что звучало +где? (*Симфония звучала не только в зале, но и по радио.*)

слушать – послушать + что? (слушать музыку)
слышать – услышать + что? (слышать музыку)

слушатели хотели послушать музыку – У слушателей было желание...

слушатели могли услышать музыку – У слушателей была техническая возможность...

транслировать = передавать по радио + что? (транслировать = передавать музыку)

транслировали (= передавали по радио) + что? (*По радио транслировали Седьмую симфонию Шостаковича.*)

Задание 2. *Прочитайте текст. Найдите в тексте ответы на два вопроса:*

1. Зачем в блокадном Ленинграде решили исполнить Седьмую симфонию Шостаковича?

2. Почему Седьмая симфония Д. Д. Шостаковича получила название «Ленинградская симфония»?

Дмитрий Дмитриевич Шостакович родился в Петербурге 25-го сентября 1906-го года. Будущий композитор рос в семье, в которой очень любили музыку. Его мать была пианисткой, а отец, инженер по профессии, тоже горячо (= очень сильно) любил музыку и хорошо пел.

У юного Дмитрия Шостаковича были прекрасные музыкальные способности. Когда ему было **девять лет,** он уже сочинял свои первые музыкальные пьесы. В 1919-ом году он поступил в Петроградскую консерваторию, которую окончил сначала по классу фортепиано, а затем (= потом) и по классу композиции.

Композитор Д.Д. Шостакович создал множество (= большое количество) музыкальных произведений в самых разных жанрах: он писал симфонии, оперы, оперетты, романсы и песни. Д. Д. Шостакович стал одним из самых известных и любимых композиторов XX века.

В трудные годы Великой Отечественной войны, в голодные годы ленинградской блокады, Шостакович начал работать над своей знаменитой Седьмой симфонией. Ни холод, ни голод, ни бомбёжки не смогли помешать работе композитора (= не смогли помешать композитору работать на своим произведением). Создание симфонии было завершено (= закончено) к июлю 1942-го года. Исполнить новое произведение решили в Ленинградской филармонии, чтобы доказать всем, что город жив и продолжает бороться.

Для исполнения симфонии был нужен оркестр. Музыкантов бывшего филармонического оркестра нашли **на Ленинградском фронте** и отправили в город – репетировать новое произведение композитора.

Концерт состоялся **в зале Ленинградской филармонии 9-го августа 1942-го года**. В этот день в Ленинграде не только в зале самой Филармонии, но и прямо на улицах – по радио – звучала прекрасная музыка Седьмой симфонии Д. Д. Шостаковича. В этот вечер её могли услышать не только жители Ленинграда. Седьмую симфонию транслировали (= передавали по радио) на **Англию, США** и **Францию**. Этим Ленинград хотел сказать всему миру, что он жив, борется и обязательно победит!

Теперь **каждый год 9-го мая, в день Победы** советского народа в Великой Отечественной войне, в городе на Неве исполняют Седьмую симфонию великого композитора Д. Д. Шостаковича. Это произведение получило название **«Ленинградская симфония»**.

Задание 3. *Прочитайте текст ещё раз. Постарайтесь по памяти закончить следующие предложения:*

1. Дмитрий Дмитриевич Шостакович родился……………………………………………
2. Будущий композитор рос в семье, в которой……………………………………........
3. У юного Дмитрия Шостаковича были…………………………………………………
4. Когда ему было девять лет,………………………………………………………………
5. В 1919-ом году он поступил………………………………………………………………
6. Композитор Д. Д. Шостакович создал множество………………………………………
7. В трудные голодные годы ленинградской блокады……………………………………
8. Ни голод, ни холод, ни бомбёжки не смогли…………………………………………...
9. Создание симфонии было завершено…………………………………………………...
10. Исполнить новое произведение Шостаковича решили………………………………
11. Для исполнения симфонии……………………………………………………………
12. Музыкантов оркестра нашли……………………………………………………………
13. Музыкантов отправили…………………………………………………………………
14. Концерт состоялся………………………………………………………………………
15. В этот день не только в зале филармонии, но и по радио……………………………
16. В этот вечер симфонию Шостаковича смогли услышать не только…………………
17. Исполнением Седьмой симфонии Шостаковича Ленинград хотел…………………..
18. Теперь каждый год 9-го мая, в день……………………………………………………

Задание 4. *Расскажите о жизни и творчестве Д.Д. Шостаковича. (По желанию, можете использовать предложения из задания 3 в качестве конспекта.)*

Задание 5. *Расскажите об одном из выдающихся композиторов или музыкантов вашей страны.*

Санкт-Петербургская филармония
(Большой зал)

ПРИГОРОДЫ
САНКТ-ПЕТЕРБУРГА

Петродворец. Большой каскад

Задание 1. *Определите значение следующих слов и словосочетаний:*

считать + что? (кого?) + чем? (кем?) (считать Петербург красивым городом)
считаться + чем? (кем?) (считаться красивым городом)
что считают + чем? (*Петербург считают красивым городом.*)
что считается + чем? (*Петербург считается красивым городом.*)

располагаться (= находиться, занимать место) + где? (располагаться в пригородах Петербурга)

расположенный (-ая, -ое, -ые) (страд. прич.) **= который (-ая, -ое, -ые) располагался = который был расположен**

расположен (-а, -о, -ы) (краткое страд. прич.) **= был расположен**

что располагалось + где? (*Летние царские дворцы располагались в пригородах Петербурга.*)

что было расположено + где? (*Летние царские дворцы были расположены в пригородах Петербурга.*)

проводить – провести + что? (какой период времени?) (проводить время, каникулы, лето…)

кто проводил + что? + где? (*Лето царская семья проводила в своих летних резиденциях.*)

производить – произвести впечатление + на кого? (произвести впечатление на туристов, на зрителей…)

получать – получить впечатление + от чего? (получить впечатление от музея, от спектакля…)

что производит + какое впечатление? + на кого? (*Янтарная комната производит сильное впечатление на посетителей музея.*)

кто получает + какое впечатление? + от чего? (*Посетители музея получают сильное впечатление от посещения Янтарной комнаты.*)

называть – назвать + как? (+ в честь кого?) (назвать в честь жены Петра Первого)

названный (-ая, -ое, -ые) (страд. прич.) **= который назвали = который был назван**

назван (-а, -о, -ы) (краткое страд. прич.) **= был назван**

что назвали + в честь кого? (*Дворец назвали в честь жены Петра – Екатерины Первой.*)

что было названо + в честь кого? (*Дворец был назван в честь жены Петра – Екатерины Первой.*)

посещать – посетить + что? (посетить музей)

посещать + что? (посещать музей)

посещение + чего? (посещение музея)

посетить – посетитель (= человек, который посещает…)

(*Посетители получают большое удовольствие от посещения музея.*)

покрывать – покрыть + что? + чем? (покрыть стены янтарём)

покрытый (-ая, -ое, -ые) (страд. прич.) **= который покрыли = который был покрыт**

покрыт (-а, -о, -ы) (краткое страд. прич.) **= был покрыт**

что покрыли + чем? (*Стены комнаты покрыли янтарём.*)

что было покрыто + чем? (*Стены комнаты были покрыты янтарём.*)

разрушать – разрушить + что? (разрушить здание, дворец)

разрушенный (-ая, -ое, -ые) (страд. прич.) **= который (-ую, -ое, -ые) разрушили = который был разрушен**

разрушен (-а, -о, -ы) (краткое страд. прич.) **= был разрушен**

что разрушили + когда? (*Дворец разрушили во время войны.*)

что было разрушено + когда? (*Дворец был разрушен во время войны.*)

восстанавливать – восстановить (= **создавать – создать заново**) **+ что?** (восстановить здание, дворец)

восстановленный (-ая, -ое, -ые) (страд. прич.) **= который (-ую, -ое, -ые) восстановили = который был восстановлен**

восстановлен (-а, -о, -ы) (краткое страд. прич.) **= был восстановлен**

что восстановили + когда? (*Дворец восстановили после войны.*)

что было восстановлено + когда? (*Дворец был восстановлен после войны.*)

соединять – соединить + что? + с чем? (соединять – соединить лицей с дворцом)
соединённый (-ая, -ое, -ые) (страд. прич.) **= который соединили = который был соединён**

соединён (соединена, -о, -ы) (краткое страд. прич.) **= был соединён**
что соединили + с чем? (*Лицей соединили с дворцом.*)
что было соединено + с чем? (*Лицей был соединён с дворцом.*)

жениться + на ком? (жениться на Наталье Гончаровой)
кто женился + на ком? (*Пушкин женился на Наталье Николаевне Гончаровой.*)

напоминать – напомнить + о ком? (о чём?) (напоминать о Пушкине)
что напоминает + о ком? (*В Царском Селе всё напоминает о великом поэте.*)

отмечать – отметить + что? (отмечать праздник, день рождения, юбилей)
отмечать – отмечаться (пассивная форма глагола)
что отмечали + когда? (*В 1937-ом году отмечали столетний юбилей со дня смерти Пушкина.*)

раскинуться (= расположиться) + где? (раскинуться вокруг дворца)
что раскинулось + где? (*Прекрасный парк раскинулся вокруг дворца.*)

поражать – поразить (здесь: **сильно удивлять – удивить**) **+ чем?** (поражать своей архитектурой)
что поражает + чем? (*Дворец поражает своей архитектурой.*)

сравнивать – сравнить + что? + с чем? (сравнить Петергоф с Версалем)
что можно сравнить + с чем? (*Петергоф можно сравнить с Версалем*)

отдавать – отдать должное + чему? (**= выражать уважение, признавать уникальность кого-либо или чего-либо**) (*Отдадим должное российским реставраторам и поблагодарим их за возвращённые к жизни архитектурные шедевры!*)

Задание 2. *Прочитайте текст. Найдите в тексте ответы на три вопроса:*
1. Почему город в Царском Селе носит имя великого русского поэта А. С. Пушкина?
2. Чем известен Павловский парк?
3. Чем знаменит Петергоф?

Санкт-Петербург считается одним из самых красивых городов Европы и мира. Не менее прекрасны и пригороды великого города. Около 200 (= двухсот) лет Петербург являлся столицей Российской империи. В Санкт-Петербурге была расположена главная **зимняя резиденция русских царей – Зимний дворец.** Лето русские цари и их семьи проводили в своих летних резиденциях, которые располагались в живописных (= красивых) пригородах Петербурга. Можно назвать пять наиболее известных пригородов, в которых находились царские дворцы, расположенные в больших живописных парках.

Прежде всего, это **Царское Село (современный город Пушкин), Павловск, Петергоф (или Петродворец), Ораниенбаум (ныне – город Ломоносов) и,** наконец, **Гатчина.**

Царское Село, с его дворцами и парками, производит, незабываемое впечатление (= впечатление, которое невозможно забыть). Прежде всего (= в первую очередь), это **Екатерининский парк и Екатерининский дворец,** названный так **в честь жены Петра Первого – Екатерины Первой.** Дворцовый ансамбль создан по проекту известного **архитектора Растрелли** – автора Зимнего дворца в Петербурге. Во дворце много прекрасных залов и парадных комнат, самой известной из которых является **Янтарная комната.** Она называется так потому, что все её стены покрыты золотистым янтарём. Вид этой комнаты производит особенно сильное впечатление на посетителей.

Во время Великой Отечественной войны дворец был разрушен немцами. А Янтарную комнату немцы вывезли из России в Германию – её судьба до сих пор неизвестна. Много лет реставраторы восстанавливали Екатерининский дворец, недавно реставраторами была восстановлена, а точнее, создана заново, и знаменитая Янтарная комната.

Екатерининский дворец соединён специальным переходом со зданием Лицея, учебного заведения, где учился и жил юный поэт Александр Пушкин. И после окончания Лицея Пушкин часто бывал в Царском Селе. А когда он женился на первой московской красавице – Наталье Николаевне Гончаровой, жил здесь со своей семьёй на даче. В Царском селе всё напоминает о жизни и творчестве великого поэта – вот почему **в 1937-ом году,** когда отмечался столетний юбилей со дня смерти поэта, этот **город получил** имя гениального сына России – **имя Пушкина.**

Недалеко от Царского Села (всего одна остановка на электричке) расположился ещё один уникальный дворцово-парковый ансамбль – **город Павловск.** Своё название этот прекрасный поэтический уголок получил в **честь его первого владельца – императора Павла Первого.** Во дворце также много парадных комнат и галерей. Во время войны дворец тоже был разрушен и восстановлен после войны русскими реставраторами. А вокруг дворца раскинулся (= расположился) прекрасный пейзажный парк – **самый большой парк в Европе.**

И, наконец, **Петергоф (Петродворец)** – самый блестящий (= самый красивый), самый изысканный (= самый необычный) из всех петербургских пригородов. Он находится **на берегу Финского залива,** в 20 (= двадцати) километрах к югу от города. Большой Петергофский дворец поражает (= удивляет) своей великолепной архитектурой. Он построен по проекту главного петербургского **архитектора – Растрелли.** Но прежде всего (= в первую очередь) Петергоф **знаменит своими фонтанами.** Множество (= большое количество) самых разнообразных фонтанов даёт основание сравнивать Петергоф со знаменитым французским Версалем. Во время войны

Петергофский дворцово-парковый ансамбль также был разрушен и затем восстановлен отечественными реставраторами. Отдадим им должное и от всего сердца поблагодарим за их огромный труд, за возвращённые людям архитектурные шедевры (= уникальные произведения архитектуры).

**Екатерининский дворец и парк в Царском Селе
(г. Пушкин)**

Задание 3. *Прочитайте текст ещё раз. Ответьте на следующие вопросы по содержанию текста:*

1. Что можно сказать о Санкт-Петербурге как о городе?
2. Когда Петербург являлся столицей Российской империи?
3. Что являлось главной зимней резиденцией русских царей?
4. Где цари и их семьи проводили лето?
5. Какие наиболее известные пригороды Петербурга вы можете назвать?
6. В честь какой царицы назван Екатерининский дворец в Царском Селе?
7. Кто является автором проекта Екатерининского дворца?
8. Почему одна из комнат дворца носит название «Янтарная комната»?
9. Какова была судьба дворца и Янтарной комнаты во время войны?
10. Какое место занимало Царское Село в жизни и творчестве Пушкина?
11. Где расположен город Павловск?
12. В честь какого русского императора Павловск получил своё имя?
13. Чем знаменит Павловский парк?
14. Как звучит по-русски название Петергоф?
15. Чем в первую очередь знаменит Петергофский дворцово-парковый ансамбль?

16. Что связывает все три дворцово-парковых ансамбля?
17. Кто восстановил после войны дворцово-парковые ансамбли Царского Села, Павловска и Петергофа?

Задание 4. *Расскажите о наиболее известных дворцово-парковых ансамблях, расположенных в пригородах Петербурга. (При необходимости вы можете использовать вопросы из задания 3.) Добавьте в ваш рассказ ваши собственные впечатления, которые вы получили в результате посещения этих мест во время экскурсий или самостоятельно.*

Задание 5. *Расскажите о наиболее интересных исторических и архитектурных достопримечательностях вашего города, вашей столицы, вашей страны.*

Дворец и парк в городе Павловске

**Парк в Ораниенбауме
(город Ломоносов)**

Парк и дворец в Гатчине

Заключение

Дорогие друзья!

Вот и состоялось наше с вами первое знакомство с городом и состоялось! Надеемся, что вам было интересно совершить свою первую прогулку по Санкт-Петербургу, перелистать несколько наиболее интересных страниц его истории, познакомиться с его наиболее известными достопримечательностями и некоторыми знаменитыми деятелями русской культуры, которые жили и творили в нашем городе. Заметим, что в Петербурге и его пригородах есть ещё много других замечательных мест, достойных вашего внимания. Поэтому желаем вам не останавливаться на достигнутом, а продолжать знакомство с историческими и культурными достопримечательностями нашего любимого города. Мы от души желаем вам успеха на этом пути!

До новых встреч с Петербургом!

www.zlat.spb.ru

КНИГИ ИЗДАТЕЛЬСТВА «ЗЛАТОУСТ» ПРОДАЮТСЯ:

ДАЛЬНЕЕ ЗАРУБЕЖЬЕ

OUR BOOKS ARE AVAILABLE IN THE FOLLOWING BOOKSTORES:

Australia: **Language International Bookshop** (Hawthorn), 825 Glenferrie Road, VIC 3122.
Tel.: +3 98 19 09 00, fax: +3 98 19 00 32, e-mail: info@languageint.com.au, www.languageint.com.au

Austria: **OBV Handelsgesellschaft mbH** (Wien), Frankgasse 4.
Tel.: +43 1 401 36 36, fax: +43 1 401 36 60, e-mail: office@buchservice.at, service@oebv.at, www.oebv.at

Belgium: **La Librairie Europeenne — The European Bookshop** (Brussels), 1 rue de l'Orme.
Tel.: +32 2 734 02 81, fax: +32 2 735 08 60, ad@libeurop.eu, www.libeurop.be

Brazil: **SBS — Special Book Services** (Sao Paulo).
Tel.: +55 11 22 38 44 77, fax: +55 11 22 56 71 51, sbs@sbs.com.br, www.sbs.com.br

Croatia, Bosnia: **Official distributor Sputnik d.o.o.** (Zagreb), Krajiška 27/1.kat.
Tel./fax:+385 1 370 29 62, +385 1 376 40 34, fax: + 358 1 370 12 65,
mobile: +358 91 971 44 94, e-mail: info@sputnik-jezici.hr, www.sputnik-jezici.hr

Czech Republik: **MEGABOOKS CZ** (Praha), Třebohostická 2283/2, 100 00 Praha 10 Strašnice.
Tel.: + 420 272 123 19 01 93, fax: +420 272 12 31 94,
e-mail: info@megabooks.cz, www.megabooks.cz
Styria, s.r.o. (Brno), Palackého 66. Tel./fax: +420 5 549 211 476,
mobile: + 420 777 259 968, e-mail:styria@styria.cz, www.styria.cz

Cyprus: **Agrotis Import-Export Agencies** (Nicosia).
Tel.: +357 22 31 477/2, fax: +357 22 31 42 83, agrotisr@cytanet.com.cy

Estonia: **AS Dialoog** (Tartu, Tallinn, Narva). Tel./fax: +372 7 30 40 94,
e-mail: info@dialoog.ee; www.dialoog.ee, www.exlibris.ee
Tallinn, Gonsiori 13 – 23, tel./fax: +372 662 08 88, e-mail: tallinn@dialoog.ee;
Tartu, Turu 9, tel.: +372 730 40 95, fax: + 372 730 40 94, e-mail: tartu@dialoog.ee;
Narva, Kreenholmi 3, tel.: +372 356 04 94, fax: + 372 359 10 40, e-mail: narva@dialoog.ee;

Finland: **Ruslania Books Corp.** (Helsinki), Bulevardi 7, FI-00100 Helsinki.
Tel.: +358 9 27 27 07 27, fax +358 9 27 27 07 20, e-mail: books@ruslania.com, www.ruslania.com

France: **SEDR** (Paris), Tel.: +33 1 45 43 51 76, fax: +33 1 45 43 51 23,
e-mail: info@sedr.fr, www.sedr.fr
Librairie du Globe (Paris), Boulevard Beaumarchais 67.
Tel. +33 1 42 77 36 36, fax: 33 1 42 77 31 41,
e-mail: info@librairieduglobe.com, www.librairieduglobe.com

Germany: **Official distributor Esterum** (Frankfurt am Main). Tel.: +49 69 40 35 46 40,
fax: +49 69 49 096 21, e-mail Lm@esterum.com, www.esterum.com
Kubon & Sagner GmbH (Munich), Heßstraße 39/41.
Tel.: +49 89 54 21 81 10, fax: +49 89 54 21 82 18,
e-mail: postmaster@kubon-sagner.de
Kubon & Sagner GmbH (Berlin), Friedrichstraße 200. Tel./fax: +49 89 54 21 82 18,
e-mail: Ivo.Ulrich@kubon-sagner.de, www.kubon-sagner.de
Buchhandlung "RUSSISCHE BÜCHER" (Berlin), Kantstrasse 84, 10627 Berlin, Friedrichstraße 176–179.
Tel.: +49 3 03 23 48 15, fax +49 33 20 98 03 80,
e-mail: knigi@gelikon.de, www.gelikon.de

Greece: **«Дом русской книги "Арбатъ"»** (Athens), El. Venizelou 219, Kallithea.
Tel./fax: +30 210 957 34 00, +30 210 957 34 80,
e-mail: arbat@arbat.gr, www.arbat.gr
«Арбат» (Athens), Ag. Konstantinu 21, Omonia.
Tel.: + 30 210 520 38 95, fax: + 30 210 520 38 95,
e-mail: info@arbatbooks.gr, www.arbatbooks.gr
Avrora (Saloniki), Halkeon 15. Tel.: +30 2310 23 39 51,
e-mail info@avrora.gr, www.avrora.gr

Ireland: **Belobog** (Nenagh). Tel.: +3053 87 2 96 93 27, e-mail: info@russianbooks.ie,
www.russianbooks.ie

Holland:	**Boekhandel Pegasus** (Amsterdam), Singel 36.
	Tel.: +31 20 623 11 38, fax: +31 20 620 34 78,
	e-mail: pegasus@pegasusboek.nl, slavistiek@pegasusboek.nl, www.pegasusboek.nl
Italy:	**il Punto Editoriale s.a.s.** (Roma), V. Cordonata 4. Tel./fax: + 39 66 79 58 05,
	e-mail: ilpuntoeditorialeroma@tin.it, www.libreriarussailpuntoroma.com
	Kniga di Doudar Lioubov (Milan). Tel.: +39 02 90 96 83 63, +39 338 825 77 17, kniga.m@tiscali.it
	Globo Libri (Genova), Via Piacenza 187 r. Tel./fax: +39 010 835 27 13,
	e-mail: info@globolibri.it, www.globolibri.it
Japan:	**Nauka Japan LLC** (Tokyo). Tel.: +81 3 32 19 01 55, fax: +81 3 32 19 01 58,
	e-mail: murakami@naukajapan.jp, www.naukajapan.jp
	NISSO (Tokyo), C/O OOMIYA, DAI 2 BIRU 6 F 4-1-7, HONGO, BUNKYO-KU.
	Tel: + 81 3 38 11 64 81, e-mail: matsuki@nisso.net, www.nisso.net
Latvia:	**SIA JANUS** (Riga), Jēzusbaznīcas iela 7/9, veikals (магазин) "Gora".
	Tel.: +371 6 7 20 46 33, +371 6 7 22 17 76 +371 6 7 22 17 78,
	e-mail: info@janus.lv, www.janus.lv
Poland:	**MPX Jacek Pasiewicz** (Warszawa), ul.Garibaldiego 4 lok.16A.
	Tel.: +48 22 813 46 14, mobile: +48 0 600 00 84 66, e-mail: jacek@knigi.pl, www.knigi.pl
	Księgarnia Rosyjska BOOKER (Warszawa), ul. Ptasia 4.
	Tel.: +48 22 613 31 87, fax: +48 22 826 17 36, mobile: 504 799 798, www.ksiegarniarosyjska.pl
	«Eurasian Global Network» (Lodz), ul. Piotrkowska 6/9.
	Tel.: +48 663 339 784, fax: +48 42 663 76 92, e-mail: kontakt@ksiazkizrosji.pl, http://ksiazkizrosji.pl
Serbia:	**DATA STATUS** (New Belgrade), M. Milankovića 1/45, Novi.
	Tel.: +381 11 301 78 32, fax: +381 11 301 78 35, e-mail: info@datastatus.rs, www.datastatus.rs
	Bakniga (Belgrade). Tel. +381 658 23 29 04, +381 11 264 21 78
Slovakia:	**MEGABOOKS SK** (Bratislava), Laurinska 9.
	Tel.: +421 (2) 69 30 78 16, e-mail: info@megabooks.sk,
	bookshop@megabooks.sk, www.megabooks.sk
Slovenia:	**Exclusive distributor: Ruski Ekspres d.o.o.** (Ljubljana), Proletarska c. 4.
	Tel.: +386 1 546 54 56, fax: +386 1 546 54 57, mobile: +386 31 662 073,
	e-mail: info@ruski-ekspres.com, www.ruski-ekspres.com
Spain:	**Alibri Llibreria** (Barcelona), Balmes 26.
	Tel.: +34 933 17 05 78, fax: +34 934 12 27 02, e-mail: info@alibri.es, www.books-world.com
	Dismar Libros (Barcelona), Ronda de Sant Pau, 25.
	Tel.: + 34 933 29 65 47, fax: +34 933 29 89 52,
	e-mail: dismar@eresmas.net, dismar@dismarlibros.com, www.dismarlibros.com
	Arcobaleno 2000 Sl (Madrid), Santiago Massarnau, 4.
	Tel.: +34 91 407 98 45, fax: +34 91 407 56 82, e-mail: info@arcobaleno.es, www.arcobaleno.es
	Skazka (Valencia), c. Julio Antonio, 19.
	Tel.: +34 676 40 62 61, fax: + 34 963 41 92 46, e-mail: skazkaspain@yandex.ru, www.skazkaspain.com
Switzerland:	**PinkRus GmbH** (Zurich), Spiegelgasse 18.
	Tel.: +41 4 262 22 66, fax: +41 4 262 24 34, e-mail: books@pinkrus.ch, www.pinkrus.ch
	Dom Knigi (Geneve), Rue du Midi 5.
	Tel.: +41 22 733 95 12, fax: +41 22 740 15 30, e-mail info@domknigi.ch, www.domknigi.ch
Turkey:	**Yab-Yay** (Istanbul), Barbaros Bulvarı No: 73 Konrat Otel Karşısı Kat: 3 Beşiktaş, İstanbul, 34353, Beşiktaş.
	Tel.: +90 212 258 39 13, fax: +90 212 259 88 63,
	e-mail: yabyay@isbank.net.tr, info@yabyay.com, www.yabyay.com
United Kingdom:	**European Schoolbooks Limited** (Cheltenham), The Runnings, Cheltenham GL51 9PQ.
	Tel.: + 44 1242 22 42 52, fax: + 44 1242 22 41 37
	European Schoolbooks Limited (London), 5 Warwick Street, London W1B 5LU.
	Tel.: +44 20 77 34 52 59, fax: +44 20 72 87 17 20, e-mail: whouse2@esb.co.uk, www.eurobooks.co.uk
	Grant & Cutler Ltd (London), 55–57 Great Marlborough Street, London W1F 7AY.
	Tel.: +44 020 70 20, 77 34 20 12, fax: +44 020 77 34 92 72,
	e-mail: enquiries@grantandcutler.com, www.grantandcutler.com
USA, Canada:	**Exclusive distributor: Russia Online** (Kensington md), Kensington Pkwy, Ste A. 10335 Kensington, MD 20895-3359. Tel.: +1 301 933 06 07, fax: +1 240 363 05 98,
	e-mail: books@russia-on-line.com, www.russia-on-line.com